극동 러시아 리포트

＊이 책은 방일영문화재단의 지원을 받아 저술·출판되었습니다.

FAR-EAST RUSSIA **REPORT**

극동러시아 리포트

극동러시아 진출을 위한 현장 보고서

전세표 · 강승아 지음

산지니

극동 러시아 리포트

첫판 1쇄 펴낸날 2009년 5월 18일

지은이 전세표 · 강승아
펴낸이 강수걸
펴낸곳 산지니
등록 2005년 2월 7일 제14-49호
주소 부산광역시 연제구 거제1동 1493-2 효정빌딩 601호
전화 051-504-7070 | 팩스 051-507-7543
sanzini@sanzinibook.com
www.sanzinibook.com

ISBN 978-89-92235-64-8 03300

값 13,000원

*이 도서의 국립중앙도서관 출판시도서목록(CIP)은
e-CIP 홈페이지(http://www.nl.go.kr/cip.php)에서
이용하실 수 있습니다.(CIP 제어번호 : CIP 2009001404)

- Map of Russia

블라디보스토크는 우리나라와 참 가까운 거리에 있는 러시아 극동 지역의 도시다. 인천공항이나 김해공항에서 2시간 남짓 비행하면 비행기는 어느새 아르쫌 공항에 내려앉는다.

'푸시킨의 하늘, 차이코프스키의 하늘, 톨스토이의 하늘… 러시아 깊이로의 여행….'

한 항공사의 이 광고는 러시아의 드넓은 하늘을 동경하게끔 한다. 그러나 광활한 러시아 땅 동쪽 끝에 자리 잡은 '그 가까운 러시아'는 마음속으로 동경해 마지않던 곳과는 상당한 거리가 있었다. 삭막하고 어수선한 블라디보스토크는 마음 붙일 곳을 쉽게 찾을 수 없을 만큼 쌀쌀맞기까지 했다.

나는 한국기자협회 SK펠로 해외기자연수 지원을 받아 2007년 8월 러시아 블라디보스토크에 첫발을 디뎠다. 우리 부부는 이제껏 어떤 기자도 해외 연수지로 선택하지 않았던 '그 볼품없는 도시'를 연수지로 스스로 선택한 우리나라 최초의 기자였다.

해외기자연수 지원이 확정됐을 때도, 우리 가족이 블라디보스토크에 자리를 잡았을 때도 사람들은 왜 하필 '거기' 여야 했는지 의아해했다. 블라디보스토크에서 이미 산전수전 다 겪은 지·상사 주재원들은 그 '자발적인 선택'을 더더욱 놀라워했다.

연수를 떠나기 전 러시아어를 개인 지도해주던 부산외국어대학교 러시아어과 교환 교수 라리사(상트페테르부르크국립대학 교수) 씨도 "왜 꼭 블라디보스토크여야 하느냐"며 걱정스런 눈길을 보내곤 했다.

굳이 러시아여야 한다면 라리사 교수가 살던 아름다운 도시 상트페테르부르크가 있고, 수도 모스크바도 있었다.

그러나 자원 전쟁의 시대, 세계가 주목하는 곳은 모스크바나 상트페테르부르크가 아닌 러시아 극동 지역이다. 러시아 극동 지역은 원유와 천연가스 같은 에너지 자원뿐만 아니라 금, 주석 등 엄청난 양의 광물자원이 묻혀 있는 '자원의 보고'다.

블라디보스토크는 극동 러시아 연해주의 주도이자 경제 중심지이다. 게다가 오는 2012년엔 이곳에서 APEC(아시아·태평양 경제협력체) 정상회의가 열린다.

블라디보스토크는 러시아인들조차 '오지'라고 여기는 땅이지만 엄청난 발전 가능성을 지닌 곳임이 분명했다. 우리는 '러시아의 미래' 극동 러시아의 '현재'를 눈으로 확인하고 싶었다.

세계의 하고 많은 도시 중 블라디보스토크를 기자 연수지로 결정했을 때 이미 고생할 각오는 하고 있었다. 그러나 블라디보스토크에서의 삶은 각오보다 한층 고달팠다.

수도 모스크바에서 시베리아횡단열차를 타고 일주일을 꼬박 달려야 도착하는 블라디보스토크는 실제 오랫동안 개발의 손길이 미치지 못했던 러시아의 변방이다.

차선이 다 지워진 도로를 난폭하게 질주하는 자동차들, 불친절하고 퉁명스런 사람들, 참을성의 한계를 시험하곤 하던 느려터진 행정, 변변한 관광지 하나 없는 회색빛 도시는 우리를 한없이 우울하게 했다.

치안도 불안해 밤이면 거리를 활보할 수도 없었다. 나가지 않는 것과 나갈 수 없는 것이 얼마나 다른 것인지 뼈저리게 느낀 나날들이었다.

대학 기숙사나 아파트, 대학이 운영하는 국제학교 등은 외국인들에게 한층 비싼 비용을 요구했지만 서비스는 초라했다.

러시아 사회의 양극화는 극동 지역에서도 이미 심각한 수준이었다. 이태리제 수입 가구를 갖춘 아파트를 몇 채씩 가지고 있는 부자가 있는가 하면 70이 다된 나이에도 낮엔 운전기사, 밤엔 슈퍼마켓에서 파트타임으로 일하며 생계를 유지하는 서민들도 있었다. 그들은 장애인이 아니면 누구나 일을 한다.

러시아 정치인들은 러시아 내 대표적인 부유층으로 손꼽힌다. 그들은 선거 때가 되면 하나같이 '더 나은 생활'을 공약으로 내세우지만 그들이 서민들의 삶을 정말 더 낫게 해주고 있는지는 알

수 없는 일이다.

　서민들은 얼마 안 되는 벌이를 하면서도 주말이면 친구들을 집으로 초대하고 반냐(우리나라 사우나 같은 곳)에 모여 수다를 떨기도 한다. 그들도 아이가 맞춤법을 틀리는 걸 고민하고 아이들 학교의 수학선생님이 어느 날 갑자기 학교에 나오지 않아(교사 월급이 워낙 박봉이다 보니 이런 경우가 잦다) 수학 공부를 어떻게 시켜야 하나 걱정하며 산다.

　우리는 블라디보스토크에서 생애 가장 긴 겨울을 보냈다. 그 연수기간 동안 나는 생애 가장 많은 밥을 했고(자장면 같은 것도 시킬 수 없었으니!), 가장 많은 기도를 했으며, 우리의 자발적인 선택을 후회하지 않기 위해 기자가 된 이후 가장 열심히 공부를 했다.

　어느 날 느닷없이 배우기 시작한 러시아어는 정말 어려웠다. '영어, 불어를 할 수 있으니 러시아어쯤이야…' 하는 가벼운 마음으로 시작했던 러시아어는 넘어야 할 산이 끝없이 버티고 있는 언어였다. 그 산을 하나하나 넘기 위해 고3처럼 공부를 해댔다. 돌이켜보면 무식해서 용감했던 한 가족을 보게 된다.

　푸시킨의 시처럼 그 땅에서 보낸 '현재'는 우울했지만 이미 지나가버린 그날들은 아직까지 그리움이 되진 못하고 있다.

　러시아 극동 지역은 우리 같은 이방인들뿐만 아니라 그곳에서 나고 자란 러시아인들에게도 쾌적한 곳은 아닌 듯하다. 극동을 벗어나 러시아 중심부로 이동하려는 러시아인들의 탈 극동 행렬은 지금 이 순간에도 이어지고 있다. 지식인층과 청년층의 '탈 극동'을 막으려는 러시아 연방정부의 노력도 그만큼 다급해지고 있다.

이제 극동 러시아는 아시아 태평양 지역의 원료 자원 공급처로 남을지, 러시아의 경제 사회 도약을 이끄는 성장의 축으로 일대 변신을 도모할지를 선택해야 할 중대 기로에 서 있다.

러시아 연방정부는 극동 지역에서 더 이상 인구가 빠져나가지 않도록 극동을 '살기 좋은 땅'으로 만들기 위한 국가적 프로젝트를 대대적으로 시작했다. 2012년 블라디보스토크에서 열리는 APEC은 극동 발전의 획기적인 전기가 될 것이다.

천연 자원이 절대적으로 부족한 우리나라 입장에서 보면 극동 러시아는 분명 '기회의 땅'이자 '도전의 땅'이다. 극동 러시아는 한반도와 대륙을 연결하는 '물류의 이동 통로'로서, 해외 농업기지로서도 가능성을 지닌 곳이다.

그러나 그 땅은 무턱대고 도전해도 좋을 만큼 만만하진 않다. 그곳에서 진정한 기회를 잡으려면 치밀한 준비와 상당한 인내가 필요하다.

극동 러시아는 아직도 많은 이들에게 미지의 땅으로 남아 있다. 기자의 눈으로 짚어본 '극동 러시아의 현재'가 그 땅을 조금 더 가깝게 느끼는데 한몫을 했으면 싶다. 이 책이 미약하나마 극동 러시아에 대한 지피지기(知彼知己) 전략서가 될 수 있기를 감히 바래본다.

흩어져 있던 정보들이 한 권의 책이 되기까지는 참으로 많은 분들의 도움이 있었다.

블라디보스토크뿐만 아니라 파르티잔스크, 우수리스크 등 극동 지역 여러 곳을 다니며 취재할 수 있도록 물심양면으로 지원해주신 주 블라디보스토크 총영사관 김무영 총영사님과 여러 영사님들, KOTRA 블라디보스토크 무역관 김경율 관장님과 박기원 차장님, 한국관광공사 블라디보스토크 지사 정재선 전 지사장님, 블라디보스토크 한국교육원 이우용 원장님께 깊은 감사를 드린다.

블라디보스토크 극동국립대학 러한협력센터 블라디미르 베르할략 소장님과 율리아 수슬리바 씨께도 머리 숙여 감사드린다.

2009년 2월
공동저자 강승아

차례

PART 1

왜 **극동 러시아**인가

사라지고 있는
러시아의 '외딴 섬'

━ 극동, 그 오랜 '왕따' 의 역사

러시아는 세계에서 가장 국토 면적이 넓은 나라다.

시베리아횡단열차(TSR)는 이 열차의 종착역이자 기착지인 러시아 극동 지역 블라디보스토크에서 수도인 모스크바까지 총 9,288.2km의 철길을 달린다. 9,288.2km는 대략 지구 둘레의 4분의 1에 해당하는 어마어마한 거리다.

시베리아횡단열차를 타고 블라디보스토크에서 모스크바까지 가려면 꼬박 일주일이 걸리고 바이칼 호수가 있는 이르쿠츠크까지 가는 데는 사흘 밤낮이 필요하다.

블라디보스토크 시민이 수도 모스크바를 한 번 방문하는데 이런 천문학적인 시간이 걸리는 건 나라의 크기 탓만은 아닌 듯하다. 시베리아횡단열차가 독일의 이체(ICE)나 프랑스의 테제베(TGV) 같은 유럽의 초고속열차와는 속도나 시설 면에서 비교할 수 없는 '구닥다리' 열차인 까닭도 있다.

시베리아횡단열차를 타고 '광활한 대륙을 달리는 낭만'을 일생일대의 꿈으로 간직하고 있는 사람들이 있다. 하지만 이 '낭만의 여행길'엔 오랜 기간 제대로 씻지도 못한 채 비좁은 공간에서 몸을 뒤척여야만 하는 힘겨운 고생이 복병으로 기다리고 있다.

끝없이 펼쳐진 자작나무 숲을 감상하는 기쁨도 잠시, 덜컹대는 나무를 창 밖으로 비슷한 풍경을 몇 날 며칠씩 줄기차게 보고 있노라면 목적지에 도착할 즈음엔 '내가 누구인지도 잊어버릴' 경지를 체험할 수도 있다. 러시아인들은 열차 복도를 기어다니는 젖먹이를 데리고도 이런 기차 여행을 씩씩하게 해낸다.

그렇다면 하늘 길은 어떨까. 러시아 비행기들은 불안한 비행을 하기로 악명 높다. 러시아는 지금껏 항공 안전에서 세계 최악이라는 오명을 씻지 못하고 있다.

2008년 9월에도 아에로플로트 소속 보잉 737 여객기가 러시아 우랄 산맥 중부 페름 시 인근에서 추락해 승객과 승무원 88명 전원이 사망하는 사고가 있었다. 2006년에는 러시아 항공사 소속 비행기 사고로 모두 318명이 사망했다. 2006년 한 해 전 세계에서 발생한 비행기 사고 사망자가 755명이었는데 이 중 절반가량이 러시아 비행기 사고 사망자였던 셈이다.

그래서일까. 러시아인들은 비행기가 목적지 공항에 무사히 착륙하면 일제히 박수를 치며 환호한다. 이 광경을 처음 봤을 땐 '21세기에도 이런 촌스런 사람들이 있나' 싶어 무안하기도 했다. 하지만 러시아의 잦은 대형 여객기 사고를 떠올리면 그들의 환호는 어쩌면 당연한 것일지도 모른다.

사정이 이렇다면 교통비라도 싸야 할 텐데 러시아의 철도 요금과 항공 요금은 놀랄 만큼 비싸다. 대다수 러시아 극동 주민들은 비싼 교통비 때문에 수년 간 러시아 중서부 지역을 방문하지 못해 '섬 신드롬' 우려까지 생길 정도다. '섬 신드롬'이란 같은 내륙 지역에 살지만 섬에 살고 있는 것만큼이나 왕래가 쉽지 않아 지역 사람들이 고립되는 현상을 말한다. 수도인 모스크바를 한 번도 가보지 못한 극동 주민들도 많다.

블라디보스토크 극동국립대학에서 외국인들에게 러시아어를 가르치는 한 여교수의 딸은 한국학을 전공했기 때문에 우리나라에 와본 적이 있고 베트남 여행을 한 적도 있다. 그러나 정작 자기 나라 수도는 여태껏 가보지 못했다. 모스크바까지 왕복 비용이 너무 많이 들기 때문이다.

2014년 동계올림픽이 열리는 러시아의 대표적 휴양지 소치도 극동 주민들에게는 한 번쯤 가보고 싶은 '꿈의 도시'일 뿐이다.

블라디보스토크에서 이르쿠츠크까지 시베리아횡단열차 2등칸 쿠페(4인실)를 타려면 성인 한 사람 편도 요금(2008년 5월 현재)이 5,288루블(2009년 2월 현재 한화 약 22만 6,000원)이나 된다.

블라디보스토크에서 출발해 이르쿠츠크에 도착하기까지 74시간이 걸리니 아홉 끼의 식사를 열차 안에서 해결해야 하는 것까지 감안하면 전체 비용은 한층 늘어난다.

비행기 요금은 더욱 비싸다. 극동 지역 최대의 도시 하바로프스크에서 모스크바를 왕복하는 항공료(2008년 1월 현재)는 비즈니스석 9만 1,000루블(2009년 2월 현재 한화 약 382만 원), 일반석 4만 1,000루블(약 172만 원)이다.

러시아 극동-모스크바 구간은 세계에서도 가장 항공 운임이 비싼 노선으로 손꼽힌다. 그래서 극동 주민들은 모스크바보다 미국 뉴욕을 오히려 싸게 여행하기도 한다.

블라디보스토크 시민들은 여름 휴가철에 러시아 중서부 지역으로 가는 것보다 한국의 인천공항을 거쳐 동남아 지역으로 가는 것이 훨씬 부담이 적어 종종 이 코스를 이용한다. 이런 이유로 러시아 관광객이 크게 늘어나 해마다 여름이면 인천-블라디보스토크 구간 대한항공 예약이 쉽지 않을 정도다.

과거 시베리아 지역은 러시아인 정치범들뿐만 아니라 폴란드인 우크라이나인 아르메니아인 등 러시아 제국의 전제적 지배에 항의하는 정치범들의 유배지로 악명 높은 동토였다. 살아 돌아오기 힘들었던 이 유배의 땅은 시베리아횡단철도가 놓이면서 역사의 새장을 열게 된다.

1891년 니콜라이 2세는 러시아의 심장부와 시베리아를 연결해

한겨울의 블라디보스토크 중앙역. 이곳이 시베리아횡단열차의 종착지이다.

시베리아 지역을 지키고 동아시아 지역에 대한 러시아의 영향력을 키우기 위해 시베리아횡단철도 착공이라는 대역사를 감행했다. 제정러시아의 당시 교통대신이었던 세르게이 율예비치 비테는 러시아의 국운을 걸고 이 철도 건설을 추진했다.

1897년 블라디보스토크-하바로프스크 구간 772km의 철도가 완성돼 극동 지역의 블라디보스토크는 태평양의 관문으로 부상했다. 그리고 1916년 마침내 블라디보스토크와 모스크바를 잇는 9,288.2km의 기나긴 철길이 완공됐다.

시베리아횡단철도가 완공된 지 93년이 지난 지금, '지구촌은 하나'라는 21세기에도 러시아 극동 지역은 이런 저런 이유들로 여전히 러시아 내 '외딴 섬'으로 머물러 있다.

교통 요금 안정을 위한 특단의 조치가 마련되지 않는다면 러시아의 지역 분리는 앞으로도 계속될 수밖에 없을 것이다.

극동이 사라지고 있다?

세계 최대 산유국으로 손꼽히는 러시아의 국내선 항공료가 이렇게 비싸고 기름 값이 하루가 다르게 뛰어올라 운전자들이 끊임없이 불만을 토로한다고 하면 선뜻 이해하기 어렵다.

하지만 지하 경제가 강한 러시아는 유통 구조상의 문제 때문에 이런 아이러니한 현상들이 곳곳에서 끊임없이 불거지고 있다. 게다가 극동 지역은 광활한 대륙의 동쪽 끝자락에 위치한 탓에 물류비용이 만만치 않아 물가도 비싸다.

블라디보스토크의 대형 슈퍼마켓 진열대엔 미국산 사과, 한국산 귤, 중국산 배, 네덜란드 하이네켄, 덴마크 칼스버그 맥주까지 산 넘고 물 건너 온 채소와 과일, 식료품들이 골고루 자리를 차지하고 있다. 극동 지역 내에서 자체 생산하는 상품이 별로 없다 보니 이곳에선 '5대양 6대주'의 상품을 다 접할 수 있다. 단지 모두 가격이 비싼 게 흠일 뿐이다.

러시아 극동은 사회 인프라가 아직 제대로 갖춰지지 않은 데다 교통 통신비용이 많이 들고 제조업도 제대로 발달하지 못한 열악한 땅이다. 생활하기에 나쁜 조건들을 구석구석 갖추고 있다 보니 인구는 해를 거듭할수록 줄고 있다.

극동 지역의 면적은 러시아 전체의 약 36.4%를 차지한다. 하지만 인구는 러시아 전체의 4.5%(러시아 국가통계위원회 2007년 1월 1일 기준)인 약 650만 명에 불과하다. 시베리아와 극동 지역을 합치면 전체 러시아 면적의 66.3%에 달하지만 인구 비중은 18.1%에 그치고 있다.

러시아에서도 전반적으로 경제 개발이 낙후된 극동 지역은 1990년부터 2005년까지 인구 150만 명이 줄어들었다. 15년 사이 우리나라의 충청북도만 한 인구가 사라져버린 것이다.

이처럼 인구가 빠르게 줄어드는 이유는 주민들의 탈 극동 행렬이 이어지고 있기 때문이다. 게다가 극동을 탈출하는 사람 대부분이 전문직 인력이나 젊은 세대들이어서 극동의 앞날을 더욱 어둡게 한다.

이들이 극동 지역을 떠나는 가장 큰 이유는 실질소득이 계속 줄어들기 때문이다. 최근 몇 년을 기준으로 극동 지역 주민들의 명목소득 수준은 러시아 평균치를 조금 웃돌고 있지만 극동 지역의 비싼 물가 등을 감안하면 실질소득 면에서는 러시아 평균보다 약 20%가량 낮다. 이에 비해 전체 인구 중 최저생계비 이하 소득자인 저소득 계층이 차지하는 비중은 21.2~30.5%로 러시아 전체 평균 17.8%보다 월등히 높다.

2007년 러시아 전체의 거시 경제 지표는 양호했지만 극동 지역은 사할린 주, 하바로프스크 주, 연해주만 플러스 성장을 기록했을 뿐 나머지 지역은 마이너스 성장을 면치 못했다.

UN 인구보고서는 러시아 극동 인구가 2025년에는 470만 명, 2050년에는 400만 명 이하로 줄어들 것이라고 예측하고 있다.

오랫동안 방치돼온 '러시아의 외딴 섬'은 인구마저 빠르게 줄어들면서 조금씩 '사라져가는' 위기에 처한 것이다.

다급해진 러시아 연방정부는 2007년 이후 국토 균형 발전과 에너지 자원 개발을 위해 그동안 내버려둔 극동 지역 개발에 박차를 가하기 시작했다. 러시아 정부는 2007년 '극동 지역 경제 사회 발전 프로그램'을 마련해 극동 개발 사업을 국가적 프로젝트로 추진 중이다.

가을 속 러시아 어린이들(2003년).

　총 조달 예산은 극동 지역 개발 예산 7,005억 루블(2009년 2월 현재 한화 약 29조 4,210억 원)이고 이 중 APEC 예산은 2,842억 루블(약 11조 6,522억 원)이다. 최초 책정 당시에는 극동 개발 예산이 5,670억 루블이었고 APEC 예산이 1,485억 루블이었는데 증액된 것이다.

　소련 해체 후 러시아 연방정부가 극동 지역에 이처럼 지대한 관심을 기울인 적은 없었다.

　자원이 풍부한 극동 지역은 러시아 연방정부가 장기적 정책을 수립하는 데 없어서는 안 될 '러시아의 미래'이기 때문이다. 러시아 연방정부의 이 같은 관심은 세계적 관심이 쏠리고 있는 '자원의 보고' 극동 지역이 적합한 투자환경을 갖출 수 있도록 일정 수준의 인구 정착을 유도하려는 의도이기도 하다.

'아시아 속의 유럽' 또는 '유럽 속의 아시아'

▬ 시베리아와 극동, 러시아 속의 아시아

러시아는 '유라시아(Eurasia)' 라는 단어가 가장 잘 어울리는 나라다. 영토도 아시아와 유럽대륙에 걸쳐 있다. 물론 '유라시아' 는 유럽 중심적 사고방식에서 나온 말이다. '유럽 속의 아시아' 라는 의미이기 때문이다.

서유럽인들은 러시아를 경멸하는 의미에서 '유라시아' 라고 불렀다. 그들이 말하는 '유라시아' 는 유럽에 접해 있긴 하지만 단절된 아시아적 사회라는 의미였다.

옛 소비에트 정권은 국토의 4분의 3이 아시아에 위치해 있다는 사실을 근거로 스스로 아시아 세력임을 자처해왔다. 사회주의 종

주국으로서 극동의 군사력을 꾸준히 증강시켜 이 지역에서 정치
적 입지를 강화하기 위해서였다.

하지만 아시아인들은 러시아가 아시아 국가가 아님을 잘 알고
있었다. 아시아인들은 소련을 아시아에 위치한 유럽 세력으로 여
겨왔을 뿐이다.

유럽의 변방에 위치한 옛 소련이 독특한 문화전통과 전체주의
적 질서 때문에 유럽 사회에서 아시아적 존재로 인식되고, 스스
로도 아시아와의 특별한 관계를 강조해왔지만 아시아 국가들은
소련을 오랜 역사에 걸쳐 이 지역에서 이익 다툼을 해온 유럽 세
력의 하나로 여겨온 것이다.

옛 소비에트 시대까지만 해도 러시아에서 아시아적 요소를 대
변해온 곳은 중앙아시아와 카자흐스탄, 시베리아 지역이었다. 카
자흐스탄-중앙아시아 국가들이 모두 독립국이 됐으니 이제 러시
아에서 아시아적 요소를 대변하는 일은 시베리아 극동 러시아의
몫이 됐다.

시베리아와 극동은 오랫동안 극단적인 선택으로 내몰린 사람
들이 거주하는 '변방 중의 변방' 으로 여겨져 왔다.

냉전 종식 후 그동안 모스크바와 소련 공산당의 동향에만 쏠렸
던 관심은 러시아의 문화와 자연으로 확대됐다. 관심은 '변방의
동토' 로도 번져갔다. 시베리아와 극동은 특히 '천연자원의 보고'
로 1990년대 이후 전 세계의 이목이 집중되고 있다.

한국의 입장에서는 이 지역이 '철의 실크로드 구상' 을 실현하

1890년대 초 블라디보스토크 전경.

는 데 없어서는 안 될 곳이기도 하다. 러시아 극동은 한반도를 대륙으로 연결해줄 수 있는 지역이기 때문이다.

시베리아횡단철도가 완전 개통된 이후 시베리아와 극동은 유럽 러시아와 좀 더 유기적으로 연결되었다. 19세기 후반 유럽 지역 주민들의 집단이주가 시작되고부터 시베리아를 유럽 지역과 분리된 별개의 지역으로 보는 시각도 차츰 완화됐다.

러시아인들에게 시베리아와 극동은 러시아 문화의 성격을 다양하고 풍부하게 해주며 러시아가 아시아의 일원이 될 수 있게 하는 터전이다. 게다가 자원의 보고로 경제적 번영을 뒷받침해주는 버팀목이기도 하다.

국제정치적으로 볼 때, 러시아는 러일전쟁에서 패배하면서 동아시아에 대한 지배권을 주장할 수 없게 됐다. 하지만 소련 정권 하에서의 대 중국정책이나 2차 대전 이후의 대 북한정책에서 알 수 있듯, 동아시아와 동북태평양 지역에서 일정한 위치를 견지하

경축일의 블라디보스토크(2004년).

려는 대외정책 노선에는 변함이 없는 듯하다. 이는 러시아가 시베리아와 극동 공간을 장악하고 있기 때문에 가능한 일이다.

‘아시오페(Asiope)’ 를 향해

‘러시아는 유럽과 아시아 중 어느 쪽에 속할까.’

이 질문은 러시아인들 스스로뿐만 아니라 외부세계에 의해서도 줄곧 제기돼왔다. 러시아인들이 ‘유럽계냐 아시아계냐’ 하는 인종상의 논란을 얘기하자는 것이 아니다. 이 물음은 민족적 성향과 기질, 문화적 성격, 사회발전의 방향, 그리고 정치구조나 관행 등을 망라하고 있다.

결국 러시아 사회를 조명해보려는 외부세계의 관심을 드러내고 있지만 결과적으로는 러시아인들 스스로가 국가의 성장과 발전에 관해 제기한 질문이기도 하다.

아시아는 러시아 민족에게 이질적인 존재였다. 유럽 사회가 러시아를 ‘아시아적’ 이라 몰아붙이면서 낮게 평가하든 말든 그들 스스로는 아시아에 대한 철저한 거리감과 극단적인 적대감을 가지고 있었다.

역사적으로도 아시아 유목민들은 러시아 민족에게 큰 시련을 주었다. 13세기 초 몽고의 러시아 지배는 러시아 역사에 상당한 영향을 미쳤다. 약 3세기에 걸친 몽고지배로 인해 러시아는 서구의 르네상스와 종교개혁의 시대적 흐름에서 제외되면서 유럽에서의 근대문화와 문명의 중요한 원천을 경험할 기회를 상실해버렸다.

러시아인들이 아시아에 대해 가져왔던 이런 적대감과 거리감이 어느 정도 극복된 것은 시베리아를 차지하고 난 뒤부터라고 할 수 있다. 러시아가 아시아 쪽에서 가능성을 찾고 아시아와의 관계에 특별한 의미를 부여하게 된 것은 유럽 사회의 중요한 일원이 되고 난 이후의 일이다.

러시아를 유럽 사회의 일원으로 인식하는 러시아인들은 아시아로 팽창해나가는 것이 유럽관계에서의 열세를 상쇄해줄 것이라는 일종의 보상심리를 가졌을 수도 있다. 옛 소비에트 정권의 아시아정책은 이처럼 근원적인 한계를 가지고 있었기 때문에 러시아는 진정한 아시아 세력이 되는 데는 실패했다.

자원 부국 러시아는 오늘날 극동과 시베리아가 지닌 엄청난 가치로 인해 다시금 강대국으로 거듭나고 있다.

러시아의 일부 지식인 그룹은 더 이상 극동과 시베리아를 '유라시아(Eurasia)'로 지칭하지 않는다. 그들은 시베리아와 극동 지역을 '유럽 속의 아시아'를 뜻하는 '유라시아'가 아닌 '아시아 속의 유럽'인 '아시오페(Asiope)'라고 부른다.

유라시아가 유럽의 관점에서 아시아를 바라본 것이라면 '아시

블라디보스토크 중앙광장. 혁명전사의 광장이라고도 불린다.

오페'는 아시아적 관점에서 유럽을 바라보는 시각을 뜻한다.

'아시오페'는 '유럽이 우선이냐, 아시아가 우선이냐'를 두고 논쟁하려는 말의 성찬이 아니다. 지금부터라도 극동과 시베리아가 진정한 아시아의 일원이 돼 아시아 국가들과 함께 공동의 이익과 번영을 추구해나가야 한다는 '인식의 전환'을 뜻하는 것이다.

러시아 블라디보스토크 극동국립대학 블라디미르 이바노비치 쿠릴로프 총장은 "러시아의 시베리아나 극동 지역은 이제 유럽을 향한 짝사랑에 불과한 유라시아의 입장에서 과감히 벗어나야 한다"고 단언했다. 그는 "특히 동북아시아와 태평양의 관문인 극동 지역은 한국과 중국, 일본 등 아시아 중심 국가들과 함께 공동의 목표를 추구할 수 있는 아시아적 다민족의 영역으로 거듭나야 한다"고 강조했다.

현실 속 극동 러시아에서는 젊은 층과 전문가 그룹이 유럽피언 러시아를 향해 꼬리를 물고 이주하고 있지만 또 다른 한쪽에서는 작지만 의미심장한 움직임이 시작된 것이다.

'아시오페'는 극동과 시베리아의 미래가 아시아 사회, 특히 한국, 일본, 중국 등 인접한 아시아 국가들과의 관계 속에서 설정돼야 한다는 의식을 반영하고 있다. 아시오페를 향한 여정은 이제 그 첫 걸음마를 뗐다.

지금 극동에서는

— 정치 상황

러시아 극동 지역은 1개 공화국(사하공화국), 1개 자치주(유대인 자치주), 1개 자치구(추코트카 자치구)와 3개 주(아무르 주, 마가단 주, 사할린 주), 3개 변방주(연해주, 하바로프스크 주, 캄차트카 주) 총 9개의 지방정부로 이루어져 있다.

러시아의 주정부들은 2005년 주지사직을 선출직에서 임명제로 전환한 이후 자치 권한이 크게 줄어들었다. 러시아 대통령은 주 의회의 동의 없이도 대통령 권한으로 주지사를 해임할 수 있다.

특히 러시아 극동 지역은 2008년부터 2013년까지 실시되는 극동 개발 사업과 2012년 블라디보스토크 APEC 정상회담 개최를

극동 러시아

지역명	주도	인구 (만 명)	면적(1,000㎢)/ 한국 면적 대비 비율
연해주	블라디보스토크	200	166 (1.6배)
하바로프스크 주	하바로프스크	143	788 (7.9배)
사하공화국	야쿠츠크	94	3,103 (31배)
아무르 주	블라고베셴스크	90.3	363 (3.7배)
사할린 주	유즈노사할린스크	52.4	87 (88%)
캄차트카 주	페트로파블로브스크 캄차트스키	37	472 (4.76배)
마가단 주	마가단	17.2	461 (4.6배)
유대인 자치주	비로비잔	19	36 (37%)
추코트카 자치구	아나디리	5.1	737 (7.43배)
전체		658	6,213

(자료 : 주 블라디보스토크 대한민국 총영사관)

앞두고 진행되는 인프라 구축 사업 등 막대한 연방 예산이 투입되는 곳이다. 따라서 러시아 연방정부는 엄청난 예산이 들어가는 이 지역에 대한 통제를 한층 강화하고 있다. 예산 투입에 앞서 부패 척결이라는 사전 정지 작업을 진행하려는 것이다.

이 같은 통제 강화로 지방정부 관료들이 속속 해임되거나 구속됐다. 지금까지 캄차트카 주 아무르 주 사할린 주 등지에서 잇따라 주지사가 교체됐다.

미하일 마쉬콥쩨프 전 캄차트카 주지사는 7년간 주지사직을 수행하다 2007년 해임됐다. 그는 재직 기간 중에도 수산물 쿼터 불법 배분과 관련해 여러 차례 입건되는 등 정부로부터 잦은 압박을 받아왔다.

레오니드 코로트코프 아무르 주지사는 2007년 5월 직권남용 등의 혐의로 해임됐다. 그의 해임은 동시베리아-태평양 송유관 1단계 사업의 종착지로 아무르 주의 스카바라디노가 선정됐을 때부터 이미 예견돼왔다고들 한다.

레오니드 코로트코프의 뒤를 이어 신임 니콜라이 콜레소프 주지사가 임명됐지만 그 역시 2008년 10월 해임됐다.

일간지 블라디보스토크는 콜레소프 전 주지사가 집무실 수리와 관저 구입 등에 막대한 예산을 낭비했고 아무르 시정부와의 불화, 부지사들의 부정부패 구속 등으로 지역 주민들의 신뢰를 잃었다고 보도하기도 했다.

이반 말라호프 전 사할린 주지사는 2007년 8월 네벨스크 시 지진 복구에 늑장 대처했다는 이유로 전격 해임됐다. 하지만 그가 연방정부가 약속한 사할린 대륙붕 유전 개발 로열티를 집요하게 요청했던 것이 화근이었다는 관측도 있다. 사할린 주정부에 배당된 로열티는 옐친 정부 당시 50%에서 푸틴 정부 때는 5%로 감소했고 그마저도 원활하게 지급되지 않았다고 한다.

2005년 1월에 임명된 연해주 주정부 다르킨 주지사는 연해주 소재 러시아 연방 국유재산의 사유화 과정에서 비리에 연루된 혐의로 2008년 5월 주재국 검찰로부터 가택수색을 당했다.

당시 러시아 현지 언론들은 다르킨 주지사가 건강상의 이유로 사임하는 형식을 빌어 결국 해임될 것으로 전망했다. 하지만 일부에서는 다르킨이 푸틴 총리의 신임을 얻고 있기 때문에 2012년 블라디보스토크 APEC 정상회의 때까지, 또는 최소한 주지사 임기가 끝나는 2010년 1월까지 주지사직을 유지할 것이라는 분석을 내놓기도 했다. 다르킨 주지사는 지금도 건재하다.

러시아 지방정부 수반에 대한 인사는 대통령의 고유 권한이다. 하지만 메드베데프 대통령과 막강 권력을 가진 푸틴 총리 두 체제로 움직이는 현재 러시아 정치의 특수 상황을 고려하면 푸틴의 신임이 두터운 다르킨 주지사는 유임될 가능성이 크다는 분석이 제기되고 있다.

연해주의 주도인 블라디보스토크 시에서도 2007년 12월 니콜라예프 전 시장이 직권남용과 월권행위 혐의로 4년 6개월의 징역을 선고받고 집행유예 처분을 받아 석방됐다. 니콜라예프 전 시장은 이 판결로 시장에서 공식 해임됐고 3년간 공직담임권도 제한받게 됐다.

이로 인해 블라디보스토크는 2008년 5월 현 이고르 푸시카료프 시장이 시장 선거에서 선출되기까지 장기간 시장 공석 상태였다. 이 기간 중에는 7명의 부시장이 일주일에 한 번씩 돌아가며 시장 업무를 대행했다.

당시 사석에서 만난 블라디보스토크 시의 한 공무원은 "7명의

블라디보스토크 잠수함 박물관 앞.
2차 세계대전 때 맹활약했던 디젤 잠수함 C-56호가 그대로 박물관이 됐다.

시장 대행들의 업무 스타일이 각자 다르다 보니 시장 대행이 바뀔 때마다 정책도 바뀌어 직원들이 모두 혼란스러워한다"며 "일하기 정말 어렵다"고 푸념하기도 했다.

극동 개발 사업과 APEC 준비를 앞두고 러시아 연방정부는 앞으로도 극동 지방정부에 대한 통제를 한층 강화해나갈 것으로 보인다.

러시아 경제는 블라디미르 푸틴 대통령이 집권한 2000년부터 비약적으로 발전하기 시작했다. 푸틴은 옐친으로부터 파산 직전의 국가를 물려받았다. 옐친 집권 시절 러시아는 무려 1,000%에 이르는 높은 인플레와 경제 파탄으로 70% 가까운 국민들이 빈곤 상태에 처해 있었다. 그러나 2000년 3월 대통령에 당선된 푸틴은 러시아를 단번에 뒤바꿔놓았다.

푸틴은 공약대로 사회 각 분야에서 개혁을 단행했고 이미 사유화된 국가기간산업들을 재국유화하기 시작했다. 강력한 중앙집권화를 추진하며 지방 자치정부의 분리주의를 막고 언론에 대한 통제도 강화했다.

러시아 경제 회생의 공신으로는 세계적인 고유가 추세를 빼놓을 수 없다. 2000년부터 석유 등 국제 원자재 가격이 본격적으로 상승하기 시작했고 푸틴의 과감한 개혁드라이브정책에 힘입어 러시아는 경제대국으로 급부상했다.

러시아는 푸틴이 대통령으로 재임했던 2000년부터 2008년 3월까지 연평균 7~8%의 고도성장을 이루며 브레이크 없이 질주해왔다.

2004년 5,823억 달러였던 러시아 국내총생산(GDP)은 2007년 1조 2,095억 달러로 110%나 뛰어올랐다. 이 기간 중 외국인 투자 규모도 405억 달러에서 1,209억 달러로 190% 증가했고 외환보유고는 1,245억 달러에서 4,662억 달러로 무려 270%나 증가했다. 러시아는 중국, 일본에 이어 외환보유고 세계 3위를 자랑하는 경제대국으로 거듭나기에 이르렀다.

그러나 고유가 덕에 잘나가던 러시아 경제는 최근 휘청대고 있다. 2008년 하반기 전 세계를 강타한 미국발 금융위기라는 난데없는 복병을 만났기 때문이다.

2008년 8월 친서방 독자노선을 주창하는 그루지야를 좌시하지 않고 끝내 침공의 일격을 가한 지 2개월 후. 러시아 시장에 불안을 느낀 서방 투자자들이 잇따라 러시아를 떠나기 시작했고 치솟기만 하던 국제 유가는 세계 실물경제가 휘청대면서 사정없이 곤두박질쳤다.

급등하던 러시아 주식시장도 속절없이 무너져 내렸다. 2008년 11월 현재 주가는 지난 2008년 5월 최고점에 비해 무려 73%나 폭락했다. 주식시장에 상장된 러시아 주식의 시가총액은 무려 1조 5,000억 달러에 달하기도 했다. 하지만 이 같은 주가 폭락으로 1조 달러가 증발해버렸다.

그루지야 침공 당시 외국 투자 유출은 예상할 수 있었던 일이었다. 그러나 원유가 하락이 예상치 못한 수준으로 급격히 진행되면서 증시는 한층 큰 폭으로 하락했다.

파이낸셜 타임즈, 이즈베스티야 등 언론에 따르면 최근 알렉세이 쿠드린 러시아 재무장관은 "지난 몇 년간 러시아는 막대한 재정 흑자를 구가했지만 2009년에는 러시아 재정이 적자로 반전될 것으로 예상한다"고 밝혔다.

러시아 정부는 2009년도 예산을 국제 유가 배럴당 95달러에 맞춰 책정했다. 하지만 2008년 12월 중순 현재 국제 유가는 50달러 아래로 떨어졌고 이 같은 하락세가 계속된다면 러시아는 재정 손실을 입을 수밖에 없는 실정이다.

그러나 러시아 정부는 재정 적자가 GDP의 1% 수준에 불과할 것이고 재정 적자는 지난 몇 년간 축적해온 5조 3,000억 루블에 달하는 예비기금과 사회보장기금을 사용해 충당할 예정이라고 밝혔다. 이 기금 규모는 2009년도 연간 소요예산의 절반에 달하는 규모다.

2009년 1월 19일 푸틴 총리는 재무부에 배럴당 95달러 기준으로 편성된 2009년도 예산을 배럴당 41달러로 가정해 수정하도록 지시했다.

러시아가 전망 없던 부도 국가에서 일약 세계 경제대국으로 발돋움한 데에는 국제 유가와 원자재 값 상승이라는 외부적인 요인이 큰 몫을 했다. 러시아는 석유 수출에 따른 수입이 전체 재정 수입의 40%가량을 차지할 정도로 에너지 자원에 대한 의존도가 높은 나라다. 따라서 이제는 세계 금융위기와 유가하락이 이중으로 러시아 경제에 부담을 주는 상황이 됐다.

최근 러시아 경제 일간지 베도모스티는 러시아 정부가 에너지 의존형 경제 구조에서 탈피하기 위한 중장기 방안을 수립 중이라

블라디보스토크 굼 백화점.
제정러시아가 남긴 유산 중 하나인 이 굼 백화점의 내부는 초라하다.

고 보도하기도 했다. 2012년까지는 현재 GDP에서 석유와 가스 등 에너지 부문이 차지하는 비중(약 30%)을 유지하고 투자 확대와 개혁을 통해 2013년부터 2020년까지는 그 비중을 25%로, 2020년부터 2030년까지는 친환경적 혁신과 효과적인 노동 기술로 18%까지 낮춘다는 계획이다.

러시아 금융시장과 실물경제가 타격을 입으면서 러시아에 진출한 한국 기업들도 직·간접적인 피해를 입고 있다. 달러에 대한 루블화 가치마저 급락해 환차손도 큰 부담이 되고 있다.

루블화 가치는 11년 만에 최저 수준으로 떨어졌다. 2009년 2월 7일에는 1달러 36.37루블(약 1,527원)을 기록해 2008년 8월과 비교해 36.4%나 하락했다.

러시아 시장을 노리던 한국 기업들은 당연히 몸을 사릴 수밖에 없는 상황이 됐다. 하지만 러시아 시장은 평상시에도 상당한 인내심을 갖고 결과물을 기다려야 하는 시장인 만큼 '멀리 내다보는 지혜'가 필요한 때이기도 하다.

▬ 극동 경제

극동 경제는 1990년대 러시아 시장 경제 개혁의 소용돌이 속에서 심각한 불황에 시달려왔다. 그러나 러시아 경제 최악의 위기였던 1998년을 고비로 차츰 침체의 늪에서 벗어나기 시작했다.

러시아 극동 지역에는 원유와 천연가스 등 에너지 자원뿐만 아니라 금 주석 등 엄청난 양의 광물자원이 묻혀 있다. 동시베리아와 극동에는 러시아 전체 원유 매장량의 16%인 21억t, 가스 매장량의 20%인 10조 4,000억㎥가 매장돼 있다. 추정 매장량은 확인 매장량의 10배 이상일 것으로 예상되고 있다.

극동 시베리아 지역은 '러시아의 미래' 가 있는 곳이다. 하지만 아직까지는 극동의 일부 지역인 사할린 주, 사하공화국 등지에서만 자원 개발이 진행되고 있는 실정이다.

2008년 하반기 세계를 강타한 금융위기의 여파로 최근 극동 경제도 휘청대고 있다.

주 블라디보스토크 총영사관에 따르면 연해주 지역에서는 건설업, 광업, 자동차 매매업, 금융업 등 분야가 큰 타격을 입었고 불황의 그늘은 차츰 전체 산업으로 확산되고 있다. 러시아 경제 전문가들은 "2009년 2월부터는 기업 생산량이 크게 줄어들고 대량 실직 사태가 일어나게 될 수도 있다"고 경고하고 있다.

연해주는 2012년 APEC 준비사업과 러시아 정부 주도의 국책 사업을 추진하고 있는 지역이므로 다른 지역에 비해서는 형편이 나은 편이다. 하지만 국제 유가와 천연가스 가격의 하락세가 계속된다면 국책 사업 추진이 지연될 가능성도 있다.

러시아는 에너지 의존도가 높은 산업 구조를 가지고 있기 때문에 제조업 기반이 약하다. 특히 극동 지역은 산업 기반이 한층 열악하다. 제조업이 제대로 발달하지 못한 데다 교통이나 통신비용이 아주 비싸고 물류비용 부담이 커 주민들은 높은 물가에 시달리고 있다. 살기 힘겨워진 지역 주민들은 잇따라 '탈 극동' 을 선언하고 있다.

한 설문조사에서 극동 지역 대학 졸업생의 40~45%, 경제활동 인구의 25%가 언제든지 극동 지역을 떠날 의향이 있다고 했을 만큼 주민들의 마음은 급속히 극동을 떠나고 있다.

2007년 9월을 기준으로 극동 지역 연해주의 인구는 200만 명 아래로 떨어져 약 50년 전 당시 연해주 인구 수준으로 돌아가 버렸다.

전문가들은 전체 러시아인들의 생활수준이 향상되고 있기 때문에 극동 지역 인구가 줄어들고 있다고 분석한다. “러시아 전체가 살기 좋다면 굳이 극동 지역에서 살 이유가 없다”고 생각하기 때문이라는 것이다.

특히 전문직과 젊은 인력들이 주로 빠져나가면서 2007년과 2008년 사이 극동 지역에서는 노동 인력을 구하기 힘들어졌다. 실제로 극동 지역 기업인들을 상대로 한 설문조사에서 응답자의 86%는 구인난을 어려움으로 지적하기도 했다.

실질소득이 감소하면서 출산율이 떨어지고 있는 데다 사망률과 낙태율도 러시아 평균보다 높아 인구 증가의 장애요인이 되고 있다.

극동 지역에서는 100건의 출산 대비 낙태건수가 140건에 달해 러시아 평균 122건보다 훨씬 높은 실정이다. 인구 전문가들은 극동의 인구노령화 현상이 러시아에서 가장 빠른 속도로 진행되고 있다고 지적한다. 이런 상태가 지속된다면, 2015년이면 취업자 1명이 평균 6~7명의 비취업인을 부양하게 되는 상황이 올 것으로

전망대에서 내려다본 블라디보스토크 전경.

전망되고 있다.

2007년 통합러시아당 연해주 지구당 주최 지역 비즈니스 회의 당시 참석자들은 러시아 극동 지역의 인구가 300만 아래로 떨어진다면 극동은 인구 부족으로 인해 생활 기반이 와해돼 총체적인 파국을 맞게 될 것이라고 경고했다. 지금 같은 추세가 계속된다면 앞으로 30~40년 내 이런 사태가 올 수도 있다는 우려도 제기되고 있다.

유리 아브데예프 태평양지역전략프로젝트연구소 소장은 "러시아의 지방에 필요한 전문 인력은 점점 줄어들고 있고 앞으로 지역 간 인재확보 경쟁은 더욱 치열해질 것이므로 이 문제가 지방정부들의 큰 골칫거리가 될 것"이라고 말했다.

일부 러시아 전문가들은 "단순히 CIS 노동자 유치 차원이 아닌, 러시아 중서부나 중국, 일본, 한국으로부터 자발적 취업이민을 유치할 수 있는 해외동포 이주 장려 프로그램을 마련해야 한다"고까지 지적하고 있다.

2009년 1월 러시아 건설 · 건축학아카데미 산하 극동건설연구소가 주관한 학술회의에서도 참가자들은 극동 지역 중 연해주의 인구 상황이 '악화일로'에 있다고 입을 모았다.

그리슈코프 공산당 연해주 대표는 "2008년에만 약 3만 명이 연해주를 떠났고 그 대부분이 청년층"이라며 심각성을 지적했다. 그는 "이 문제를 해결하기 위해 주민들에게 부담되는 공공요금을 동결하고 연해주의 천연자원을 국유화하는 한편 전력 산업, 양식업 등을 육성해 대규모 일자리를 창출해야 한다"고 제안했다.

━━ 극동 발전의 새로운 전기, 2012년 APEC

지금 극동 러시아는 아시아 태평양 지역의 원료 자원 공급처인 채로 남을지, 러시아의 경제 사회 도약을 이끄는 성장의 축으로 일대 변신을 꾀하게 될지를 선택해야 할 중대 기로에 서 있다.

러시아 정부는 1990년대에도 극동 지역 개발 프로그램을 마련한 적이 있다. 1995년부터 2005년까지 시행했던 이 프로그램은 자체 평가로도 목표의 10%도 달성하지 못했다고 여겼을 만큼 실효를 거두지 못했다.

2006년 12월 푸틴 러시아 대통령은 러시아 극동 지역의 경제 사회 상황이 국가안보를 직접적으로 위협하고 있다고 인식하고 대통령이 주재한 극동 문제 안보회의에서 '극동 경제·사회 개발 국가위원회' 설립과 '극동 개발 전략' 수립을 결정했다. 또 푸틴은 2007년 1월 블라디보스토크를 방문해 극동 지역 사회·경제발전의 결정적 계기가 될 2012년 블라디보스토크 APEC 유치 계획을 전격 발표하기에 이른다.

더 이상 인구가 빠져나가지 않도록 러시아 극동을 '살기 좋은 땅'으로 만들기 위한 국가적 프로젝트는 이미 시작됐다.

2012년 APEC이 개최될 연해주의 주도 블라디보스토크 시 현대화 작업도 진행되고 있다. 그러나 러시아의 심장부에서 멀리 떨어져 소외된 채 살아온 극동 주민들은 연방정부가 제시하는 '장밋빛 미래'를 쉽게 믿지 않으려는 분위기였다. 블라디보스토크 주민들은 루스키 섬과 블라디보스토크를 잇는 연륙교 건설 등 도시 현대화 사업뿐만 아니라 2012년 APEC 개최 여부까지도 한동안 못미더워했다.

극동국립대학 루스까야 쉬꼴라(Русская школа)의 한 교수는 "어쩌면 모든 계획이 그저 거창한 계획으로만 그칠 수도 있을 것"이라며 냉소적인 반응을 보이기도 했다.

블라디보스토크 APEC 개최 여부를 두고도 오랫동안 말이 많았다. "기상천외한 방식으로 세월을 끌다가 결국 모스크바나 상트페테르부르크 등 유럽피언 러시아에서 실제 행사를 개최하게 될 것"이라는 추측에서부터 "호텔이나 행사장 등 인프라가 턱없이 부족하니 블라디보스토크 앞바다에 항공모함을 띄워 행사를 치르게 될 것"이라는 분석까지 갖가지 설이 분분하게 제기돼왔다.

그러나 2008년 8월 말 푸틴 총리는 블라디보스토크를 방문해 "블라디보스토크 APEC 개최는 변함없다"고 못을 박았다. 인프라 구축 사업 시행자들도 하나둘 선정되면서 블라디보스토크 시는 2012년 APEC을 향해 조금씩 전진하고 있다.

바사르긴 러시아 지역개발부 장관은 2008년 11월 블라디보스토크를 방문해 APEC 점검회의를 주재했다. 당시 그는 "세계를 강타한 금융위기가 2012년 블라디보스토크 APEC 준비사업 예산지원에 영향을 미치지는 않을 것"이라고 거듭 강조했다.

러시아 연방정부는 2013년까지 진행되는 '극동 · 자바이칼 지역 경제 사회 발전 프로그램'의 하부 프로그램으로 '아시아 태평양 지역에서 국제협력센터로서의 블라디보스토크 시 개발 프로그램'을 채택했다. 이 프로그램은 러시아 지역개발부와 극동 지역 지방정부가 담당한다.

총 조달 예산은 극동 지역 개발 예산이 7,005억 루블(2009년 2월 현재 한화 약 29조 4,210억 원)이고 이 중 APEC 예산은 2,842억 루블(약 11조 6,522억 원)이다. APEC 정상회의 준비 예산 중 2,020억 루블은 연방 예산으로 지원될 예정이다.

러시아 국가두마(하원)는 2009년 1월, 2012년 블라디보스토크 APEC 정상회의 개최 준비 및 아태지역 내 국제협력센터로서의 블라디보스토크 개발에 관한 법안(APEC 특별법안)을 승인했다. APEC 특별법안은 APEC 정상회의 시설물 건설에 필요한 부지 제공과 관련한 제반 절차 간소화, 외국 인력 유치시 인·허가 절차 간소화, 시설물 설계 문서에 대한 국가 감리 수행기간 단축 등을 내용으로 한다.

이 법안을 입안한 마르티나 샤쿠마 국가두마 건설·토지 위원회 위원장은 "2012년 APEC 정상회의 준비 기간이 시기적으로 촉박한데 비해 관련 사업이 다양하고 대규모인 상황이라 특별법 제정이 요구된다"고 입안 배경을 설명했다.

2012년 블라디보스토크 APEC 준비사업은 2007년 12월 1일 설립된 연방건설청 산하 극동건설청이 주관하고 있다.

러시아 정부는 '극동 및 자바이칼 발전 프로그램'으로 도로

6,600㎞와 가스관 800㎞를 건설하고, 17개의 공항과 10개의 항만, 8개의 병원 등을 새로 짓거나 현대화할 계획이다.

2012년 블라디보스토크 APEC 개최 준비를 위해서는 4,000~6,000명을 수용할 수 있는 컨퍼런스센터와 3,500명을 수용할 수 있는 프레스센터를 짓고 룸 1,000개 이상 호텔 4개, 국제공항, 대교 등도 건설할 예정이다.

이 중 국제공항, 헬리콥터 계류장, 선착장, 루스키 섬 내부 도로망과 루스키 섬 연결 대교, 금각만·아무르만 대교는 연방 예산으로 건설하고 호텔과 프레스센터, 컨퍼런스센터, 해양 수족관 등은 민간 투자로 짓는다는 계획이다.

사진 정면에 보이는 섬이 2012년 블라디보스토크 APEC 행사를 위해 각종 건물들이 들어서게 될 루스키 섬이다.

루스키 섬에 들어서게 될 건물들은 APEC 행사 개최 후 극동연방대학교 캠퍼스와 과학연구단지로 활용될 예정이다.

극동연방대학교는 학생 수가 7만 명에 달하는 극동 지역 최대 규모 대학이자 태평양 연안 지역의 현대적인 학술교육센터가 될 전망이다. 컨퍼런스 홀(8~9만㎡)과 APEC 준비용 건물(4만㎡)은 강의실로 활용되고 대학 캠퍼스를 기능별로 여러 곳에 분산시키는 방안 등도 검토되고 있다. 6,500실 규모의 3~4성급 호텔은 APEC 행사가 끝난 후 교직원 및 대학생 기숙사로 활용될 계획이다.

극동연방대학교는 시베리아연방대학교(크라스노야르스크), 남부연방대학교(로스토프)에 이어 러시아 내에서 3번째로 설립되는 연방대학교이며, 블라디보스토크에 있는 기존 대학들을 흡수 또는 합병해 설립될 것으로 보인다.

루스키 섬에 이 연방대학교가 설립되면 인구가 나날이 줄어들고 있는 극동 지역의 인구 문제 해결에도 한몫을 하고 지역 주민들의 생활수준 향상에도 도움이 될 것으로 기대되고 있다.

2012년 APEC 준비사업은 모두 36개에 달한다. 이 중 연해주 주정부가 발주자로 수임하는 사업은 12개로 설계나 건설 작업을 진행하고 있다.

다르킨 연해주 주지사는 2009년 2월 블라디보스토크 지와 인터뷰에서 "2008년이 APEC 개최를 앞두고 시설물 설계 입찰, 각종 인·허가 취득, 건설부지 확보 등을 진행한 사업 준비 기간이었다면 2009년은 이 시설물 건설 작업이 본격적으로 시작되는 해"라고 밝혔다.

푸틴 총리가 2012년 블라디보스토크 APEC 개최를 재차 확인 했고 바사르긴 지역개발부 장관도 APEC 준비사업은 차질 없이 진행될 것이라고 공언했지만 극동 지역 역시 세계 금융위기의 소용돌이를 비껴갈 수는 없는 형편이다.

블라디보스토크 시내 전경.

연해주는 APEC 준비사업 등 정부 주도의 국책 사업이 추진되고 있어 다른 지역보다 사정이 나은 편이지만 이미 일부 사업에서는 예산부족 현상이 나타나고 있다. 세계 금융위기의 여파는 예산부족 인력수급 문제 등 어떤 형태로든 APEC 준비사업 진행 과정에 영향을 줄 수밖에 없는 상황이다.

러시아 경제 전문가들은 대부분 2009년 상반기가 금융위기 여파의 정점이 될 것으로 전망하고 있다.

주 블라디보스토크 대한민국 총영사관은 최근 디야친 극동건설청장이 2012년 블라디보스토크 APEC 준비사업 관련 기자회견에서 "일부 사업은 진척이 더딘 경우가 있지만 심각한 수준이 아니다"며 "다만 신규 전력 인프라 구축사업은 정부가 추가재원 지원 불가 입장을 보여 재원 확보 방안을 다각도로 강구하고 있다"고 했다고 전했다.

나날이 줄어들고 있는 연해주의 인구 문제도 2012년 APEC 개최 준비의 걸림돌 중 하나다.

2009년 1월 블라디보스토크 소재 극동건설연구소가 주관한 '극동 지역 내 이민 시스템 및 인구 상황 개선' 학술대회에서 유리 아브데에프 태평양지역전략프로젝트연구소 소장은 "약 3만 명의 건설 현장 노동 인력을 보유하고 연간 평균 160억 루블(2009년 2월 현재 한화 약 6,720억 원) 규모의 프로젝트를 시행하고 있는 연해주가 2,000억 루블(약 8조 4,000억 원)이 넘는 APEC 사업을 자체적으로 추진한다는 건 어불성설"이라고 지적했다. 그는 "러시아 정부가 극동 지역 내 외국인 근로자 유치 쿼터를 폐지하고 극동 지역을 '5년간 특별 이민 지역' 으로 지정해야 한다"고 주장했다.

2009년 연해주 외국인 노동허가 발급 쿼터는 3만 9,878명이다. 이 중 건설업 및 광업 분야 인력이 1만 8,638명으로 전체의 47%를 차지했다.

이 학술대회에 참가한 크루샤노바 박사도 "APEC 정상회의 준비사업에는 80만 명의 인력이 필요할 것이고 오는 2010년 극동 지역은 44만 명의 외국인 근로자가 필요하게 될 것" 이라고 전망했다.

2012년 블라디보스토크 APEC 개최는 극동 진출을 노리는 외국 기업들에게 큰 호재다. 우리나라 기업들은 블라디보스토크 APEC 준비사업에 참가하기 위해 다각도로 노력하고 있고 중국 일본 등 여러 외국 기업들도 APEC 프로젝트 수주에 상당한 관심을 보이고 있다. 하지만 루스키 섬 연륙교 사업 시공사가 공개 입찰 대신 대통령령으로 모스트사로 선정되는 등 블라디보스토크의 현실적인 여건은 외국 기업들에게 호락호락하지 않다.

극동건설청은 러시아 내 건설 경험이 없는 사업이나 러시아 업체들이 보유하고 있지 않은 설비 구입 외에는 러시아 업체(특히 연해주 소재 업체)에 사업 참여 우선권을 부여한다는 방침인 것으로 알려지고 있다.

실제로 시멘트 공급은 '보스톡시멘트' 사와, 철강 공급은 '아무르메탈' 사와 공급 관련 양해각서(MOU) 등을 체결한 상태다. 단 교량 건설에 필요한 강철 와이어 등 특수자재는 해외에서 수입해야 할 것으로 보인다.

극동건설청은 2009년 1월부터 APEC 준비사업에 대한 설계 및 건설 관련 입찰 공고를 본격 실시하게 된다.

SK건설은 2008년 2, 3월 두 차례에 걸쳐 사할린, 연해주, 하바로프스크 등지의 건설시장 조사를 실시했다. SK건설은 러시아 극동 지역 진출에 상당한 관심을 갖고 있고 APEC 준비 프로젝트 참여도 검토 중이다.

대우건설 대표단도 2008년 3월 말 극동 지역 건설 사업 진출을 위한 사전 조사를 실시했다. 대우건설은 그룹 차원에서 러시아 진출에 대한 큰 그림이 마련되면 그 틀 내에서 APEC 준비 프로젝트에도 참가한다는 계획을 가지고 있다.

PART 2

도전의 땅
극동 러시아

러시아의 석유와 천연가스

옛 소련 시절 무기 강국이었던 러시아는 21세기 자원 부국으로 화려하게 부활했다. 한때 전망 없는 부도 국가였던 러시아를 일약 경제대국으로 키운 일등 공신은 지속적으로 상승한 국제 유가와 원자재 가격이다.

푸틴 현 총리는 러시아 대통령으로 취임하기 전부터 '석유와 가스 자원이 러시아를 지탱하는 힘'이라는 인식을 가지고 있었다. 대통령 재임 시절 푸틴은 석유와 가스에 의존해 국가 재건을 추진했고 러시아는 막강한 에너지 자원을 발판으로 급속하게 성장했다.

오일앤드가스저널에 따르면 러시아는 2007년 기준으로 세계 매장량 중 석유 6.3% 천연가스 25.2% 철광석 16.4%를 차지하고 있는 자원 부국이다.

　러시아는 원유와 천연가스 미개발 지역으로 남아 있던 동시베리아와 극동 지역에서도 대대적인 투자와 개발에 박차를 가하고 있다. 동시베리아와 극동 지역에는 러시아 전체 원유 매장량의 16%인 21억t의 원유와 10조 4,000억㎥의 천연가스가 매장돼 있다. 게다가 추정 매장량은 확인된 매장량의 10배가 넘을 것으로 예상되고 있다.

■ 석유 산업

　1991년 12월 말 소련연방 해체 후 시장경제로 체제가 바뀌는 과정에서 러시아는 국영기업들의 민영화 작업을 진행했다.

　러시아 석유기업의 재편과 민영화는 1992년 11월 대통령령에 따라 시작됐다. 이 시기에 수직통합석유기업들이 차례로 신설됐고 1995년 14개사에 이르렀다.

　러시아 최초의 수직통합석유기업은 '로스네프트' 였다. 로스네프트는 소련연방이 해체되기 전 석유·가스 공업부의 기능을 대행하는 기관으로서 1991년 9월에 설립돼 대통령령으로 국영 석유기업이 됐다. 설립 당시 로스네프트는 러시아 국내 원유생산 기업 119개사, 석유정제 기업 70개사, 석유제품 판매 기업 70개사

모두 259개사의 자회사를 두고 있었다.

수송 부문에서는 원유 파이프라인 운영 자회사를 관리하는 '트랜스네프트'와 석유제품 파이프라인 운영 자회사를 관리하는 '트랜스네프테프라둑트'가 설립됐다. 이들 기업은 수직통합석유기업에 편입되진 않았지만 모두 러시아 연방정부가 의결권을 갖는 주식을 보유한 국영기업이 됐다.

1993년 5월 '루크오일' '유코스' '수르구트네프테가즈' 3사가 대통령령으로 신설됐다. 그 이듬해는 '시단코' '슬라브네프트' '이스트오일' '오나코' '이스트시베리아오일' '코미테크'가 설립됐고 1995년에는 '튜멘오일' '시브네프트'가 설립돼 러시아 연방정부 수직통합석유기업의 신설이 완료됐다.

러시아 연방정부는 이들 수직통합석유기업이 설립될 당시, 해당 기업의 주식 전부 또는 대부분을 보유하고 있으면서 차례로 매각해 이 기업들을 민영화할 계획이었다. 그러나 1996년 9월 대통령령은 수직통합석유기업을 민영화할 의사가 없음을 공표하기에 이른다.

당시 러시아 정부는 큰 재정 적자를 안고 있었기 때문에 이 기업들의 주식을 담보로 국내 금융기관으로부터 자금을 빌려왔다. 하지만 러시아 연방정부는 이 자금을 기한 내 상환하지 못했다. 러시아 정부에 대출해줬던 각 금융기관들은 담보로 가지고 있던 수직통합석유기업의 주식을 보유하거나 경매했다.

이렇게 해서 러시아의 신흥재벌 '올리가르히'와 금융자본들은

유력한 수직통합석유기업의 총수가 되거나 주요 주주의 자리에
올랐다.

'러시아판 벼락재벌' 올리가르히는 옛 소련연방이 해체되고
시장경제로 이행하는 혼란기에 국영기업 민영화 입찰을 통해 재
산을 순식간에 늘려갔다.

블라디보스토크 항구. 유람선 2척이 동시에 정박해 있다(2001년).

━ 천연가스 산업

러시아의 천연가스 산업은 석유와는 달리 가즈프롬의 독점체제로 운영되고 있다.

고르바초프 정권의 페레스트로이카 아래에서 옛 소련연방 가스공업부는 1989년에 천연가스의 모든 사업을 하나의 기업조직체제로 개편해 가즈프롬을 국가기업으로 설립했다. 소련 붕괴 후인 1992년 가즈프롬은 대통령령에 따라 주식회사로 전환했다.

기체를 취급하는 가스 산업의 성격상 생산과 수송의 조직 분리라든지 말단조직 분리 등은 쉽지 않았다. 가스공업 전체는 큰 변화 없이 살아남았다. 석유기업과는 달리 천연가스를 독점하는 러시아 최대 기업 가즈프롬은 이렇게 해서 탄생하게 된 것이다.

가즈프롬은 러시아 국내 천연가스 산업의 탐광, 개발, 생산, 국내수송, 수출, 판매(도매단계까지)를 독점하고 있다. 세계 최대 가스기업이기도 한 가즈프롬은 '국가 속의 국가'라고 불릴 정도로 러시아 사회에서 정치·경제적으로 막강한 힘을 가지고 있다.

현재 러시아 대통령인 메드베데프 드미트리 아나톨리에비치는 2000년 6월 가즈프롬 이사회에 이사로 참가했고 가즈프롬의 부회장을 거쳐 회장을 역임했다.

러시아 천연자원부는 외국인이 참여하는 에너지 개발 프로젝트에 대해 지나치게 자의적인 규제를 하기로 세계적으로 악명 높다. 최근 사할린-2 프로젝트에서도 환경영향평가의 잣대를 들이 대 세계적인 메이저사인 쉘을 제치고 가즈프롬이 최대 주주로 들어앉았다. 돈 될 만한 에너지 프로젝트는 모두 가즈프롬이 차지하는 것이 러시아의 현실이다.

가즈프롬이 생산 판매하는 천연가스는 러시아 국내 판매용과 수출용의 가격차가 엄청나다. 러시아 국내 판매 가격은 러시아 연방정부가 낮은 수준으로 억제하고 있기 때문이다.

가즈프롬이 유럽에 수출하는 천연가스의 가격은 국제 원유 가격과 연동돼 있다. 이 천연가스 가격은 시장의 수급 메커니즘 속에서 변동하는 국제 원유 가격 수준과 수개월의 시차를 두고 연동돼 결정된다.

그러나 무소불위 가즈프롬도 세계를 강타한 미국발 금융위기의 영향을 피해갈 수는 없었다. 최근 뉴욕타임스는 1,000㎥당 420달러였던 서유럽 판매용 가스 가격이 2009년에는 260~300달러로 떨어질 것이라고 전망했다. 시가총액 기준 세계 3위의 천연가스 기업 가즈프롬의 시가총액은 2008년 초 대비 76%가 떨어졌고 기업 순위도 세계 35위로 밀려났다.

러시아 경제는 세계 금융위기로 큰 타격을 입었고 국영에너지 기업인 가즈프롬마저 정부의 구제금융을 기다리는 처지가 됐다. 러시아 정부의 구제금융 자금 500억 달러 중 90억 달러가 석유와 가스회사 몫으로 배정돼 있는데 가즈프롬은 이 중 55억 달러를 요구하고 있는 것으로 알려지고 있다.

━ 러시아, 믿을 수 있는 에너지 공급국인가

러시아의 원유와 천연가스는 그동안 주로 유럽으로 수출돼왔다. 러시아는 유럽에 가스를 수출한 지 40주년을 맞았다. 러시아는 유럽 가스 수요의 4분의 1을 담당하고 있다. 이 비중은 2020년이면 3분의 1까지 증가할 것으로 전망되고 있다.

2000년 이후 에너지 자원의 중요성이 한층 부각되면서 이제는 러시아를 향한 자원 개발 러브콜이 유럽뿐만 아니라 세계 곳곳에서 잇따르고 있는 추세다. 가즈프롬도 수출 물량을 늘리기 위해 유럽 일변도의 수출 전략에서 벗어나 수출 지역 다변화에 힘쓰고 있다. 가즈프롬은 중국 한국 등 아시아 태평양 지역을 주요 수출 목표 지역으로 삼고 있다.

그러나 러시아 정부는 단순한 자원공급자에 머무르려 하지 않는다. 2006년 7월 푸틴 대통령은 유럽과의 에너지 협력에 대해 언급하면서 "유럽 기업의 러시아 진출을 허용하는 반대급부로 러시아가 얻을 수 있는 것은 무엇인가"라는 질문을 던졌다. 구체적인 반대급부가 없다면 쉽게 수용할 뜻이 없음을 내비친 것이다.

러시아는 2005년 동시베리아 송유관 노선 결정을 앞두고 일본이 제안한 100억 달러에 달하는 경제지원을 거절한 사례도 있다. 에너지와 관련해 조건이 붙는 돈은 안 받겠다는 뜻이었다. 러시아는 자국의 영토가 외국 기업들의 자원 기지가 되는 것을 극도로 꺼리고 있다.

'러시아가 신뢰할 수 있는 에너지 공급국인가' 라는 의문이 증폭되는 사건들도 잇따라 일어나고 있다.

2009년 1월 새해 벽두부터 시작된 러시아와 우크라이나의 가스 분쟁은 유럽 가스 대란의 우려를 낳기도 했다. 1월 1일 러시아는 우크라이나에 대한 가스 공급을 끊었다.

가스 수출국 1위인 러시아는 해마다 연말이면 주변의 가스 수입국들과 이듬해 공급할 가스 가격을 협상한다. 러시아와 우크라이나의 가스 분쟁은 러시아가 2009년 가스 가격으로 1,000㎥당 450달러를 제시했으나 경제난에 직면한 우크라이나가 201달러밖에 줄 수 없다고 버티면서 시작됐다. 1월 7일 러시아는 "우크라이나가 중간에서 유럽용 가스를 유용하고 있다" 며 우크라이나를 경유해 유럽으로 가는 가스 공급까지 막아버렸다.

러시아가 유럽으로 수출하는 가스의 80%는 우크라이나를 경유하는 파이프라인을 통해 공급된다. 나머지 20%는 벨라루스를 통과한다.

때마침 중부 유럽에는 영하 10도 이하의 강추위가 몰아치는 바람에 러시아산 가스로 난방하는 상당수 유럽 국가들은 추위에 내몰리게 됐다.

러시아는 2006년 1월에도 우크라이나와의 가스 협상이 결렬되자 유럽행 가스 공급을 3일 동안 중단한 적이 있다. 이 때문에 상당수 유럽 국가에선 산업시설과 발전소, 난방설비 등이 멈춰서는 등 대혼란이 빚어졌다.

대부분의 유럽 국가들은 2006년 가스대란 이후 비상용 천연가스를 비축해두고 있지만 공급 중단이 길어진다면 가스를 이용하는 난방시설, 발전소, 공장의 가동에 차질을 빚을 수밖에 없다.

거의 매년 유사한 사태가 반복되자 우크라이나와 유럽 국가들은 "친서방 노선을 걷고 있는 우크라이나를 손보기 위해 러시아가 에너지를 무기로 이용하고 있다"고 비판의 목소리를 높여왔다. 이에 대해 러시아는 "가스 공급가 인상은 옛 소련 국가들에 주어오던 특혜 가격을 점차 국제 시세에 맞추기 위한 것으로 정치적 의도는 전혀 없다"고 맞서왔다.

그러나 러시아가 에너지 자원을 정치적 의도에 이용하는 사례는 곳곳에서 찾을 수 있다. 영국 파이낸셜 타임즈는 2008년 7월에도 러시아 국영 송유관 회사 트란스네프트가 체코에 수송하는 원유를 절반으로 줄였다고 보도했다. 트란스네프트는 "기술적인 이유로 그렇게 됐다"고 했지만 이 사건이 있기 이틀 전, 체코가 미국과 체결한 '미사일 방어계획'에 대한 보복일 수 있다는 분석이 제기되고 있다.

파이낸셜 타임즈는 러시아의 튜멘오일과 영국의 BP사가 절반씩 출자해 설립한 석유회사 TNK-BP의 경우 러시아 주주 측과 BP 측 사이에 분쟁이 진행되는 동안 로버트 더들리 TNK-BP 사장의 비자 갱신이 거부되기도 했다고 보도했다. 이 사건으로 중요한 외국 자회사를 고의적으로 내몰기 위해 러시아 정부가 위협을 가하고 있는 게 아닌가 하는 의문이 일었다.

이 같은 사건들로 유럽 등지에서는 러시아가 에너지를 국내의 강력한 자원민족주의 도구로 사용하는 데 그치지 않고 대외적인 정치 문제를 해결하는 데도 이용하려 한다는 우려의 목소리가 높아지고 있다. 이런 우려는 2008년 8월 러시아가 주요 에너지 통과국의 하나인 그루지야를 침공한 후 한층 깊어졌다.

━ 러시아 에너지를 향한 한 · 중 · 일의 러브콜

우리나라는 2008년 9월 29일 한 · 러 정상회담에서 2015년부터 30년 동안 연간 750만t의 러시아 천연가스를 도입하기로 합의했다. 이를 위해 우리나라 '한국가스공사'와 러시아 '가즈프롬'이 양해각서를 체결했다.

이 천연가스는 가스를 액화해 배로 실어 나르는 LNG가 아니라 가스배관을 통한 PNG이므로 2015년까지 러시아 블라디보스토크에서 북한을 거쳐 한국까지 연결되는 파이프라인이 순조롭게 완공될 경우 공급받을 수 있다.

러 · 중 에너지 협상은 주요 사안에 대한 입장 차이로 결렬되는 등 순탄치 못한 행보를 보이고 있다. 최근 프리마 미디어 통신은 동시베리아 유전 개발과 동시베리아–태평양 송유관 건설 사업에 대한 러시아 차관 제공 건을 논의하기 위해 최근 중국 CNPC가 러

블라디보스토크 중앙광장 앞 대로.

시아 로스네프트, 트란스네프트사와 베이징에서 실무협상을 진행했지만 차관 문제에 대한 이견을 좁히지 못해 러시아 협상단이 조기 귀국했다고 보도했다.

2008년 10월 말 양측이 잠정 합의한 바에 따르면 중국 측은 러시아 에너지 국영기업에 200억~250억 달러 규모의 자금을 상환기간 10년, 7% 이내 고정금리로 제공하고 러시아는 중국 측에 원유 현물과 인프라 담보, 러시아 정부보증을 제공하도록 돼 있었다.

일부 언론과 전문가들은 중국 측의 대 러시아 차관 제공 문제는 러·중 정부 차원에서 합의된 사안이므로 협상이 재개되고 결국 타협점을 찾게 될 것이라는 관측을 내놓고 있다.

일본 국영기업 JOGMEC(Japan Oil Gas Metals National Corporation)사는 동시베리아-태평양 송유관(ESPO) 공급용 유전 지질탐사를 실시할 예정이다. JOGMEC는 이 유전 지질탐사를 위해 러시아 사하공화국 정부 소유 '사흐트란스네프테가스' 사와 합작회사를 설립할 계획이다.

러시아 현지 전문가들은 러시아 국영기업이 러시아 영토 내에서 사전 지질조사를 하는 건 흔한 일이지만 외국 기업이 러시아 내륙에서 지질탐사를 실시하는 것은 이번이 최초의 사례라고 의미를 두고 있다. 전문가들은 이 지질탐사가 성공적으로 이루어진다면 외국 기업들의 러시아 자본 투자 위험도가 낮아져 외국 투자 확대에 긍정적인 기여를 할 것으로 기대하고 있다.

JOGMEC사는 2008년 9월 사흐트란스네프테가스사와 협력의

향서를 체결했다. 히로부미 가와노 JOGMEC사 회장은 "양측이 입찰 참여 준비를 마치고 공동 유전탐사 대상 지역을 정했지만 최종 대상지는 2009년 중 결정될 것"이라고 밝혔다.

JOGMEC사는 1975년 사할린 대륙붕 지질탐사에 참여했고 2008년 4월에는 이르쿠츠크 주 북 모그딘스키 지역 지질탐사를 하기 위해 이르쿠츠크석유회사와 합작회사를 설립하기도 했다.

극동을 정복하는 자, 21세기를 얻는다

러시아의 산업구조는 중국과 달리 우리나라와 상호 경쟁하는 분야가 거의 없고 앞으로도 경쟁할 가능성이 크지 않다. 러시아는 막대한 천연자원을 보유한 자원 수출국이고 우리나라는 제조업과 IT 산업 등에서 세계적인 경쟁력을 갖추고 있다. 두 나라는 완벽한 상호보완적인 산업구조를 가진 셈이다.

러시아 극동 지역은 석유와 천연가스 등 에너지 자원이 풍부한 곳이다. 석탄과 철광석, 귀금속 등 광물자원도 상당량 매장돼 있다. 극동 러시아는 세계적인 삼림자원의 보고이자 러시아 수산물 어획고의 80% 이상을 차지하고 있는 수산자원의 보고이기도 하다.

특히 극동 지역 사하공화국은 겨울에는 섭씨 영하 60도까지 떨

한·러 주요 산업 비교

대한민국	러시아
무기 산업 취약	무기 산업 발달
소비재 산업 등 제조업 우위	소비재 산업 등 제조업 취약
통신 및 유통 산업 발달	통신 및 유통 산업 취약
천연자원 빈약	천연자원의 보고
기초과학 원자력 우주항공 산업 취약	기초과학 원자력 우주항공 산업 발달

(자료 : 주 블라디보스토크 한국 무역관)

어지고 여름엔 40도까지 올라 연간 기온 차이가 100도에 달하는 혹독한 기후의 오지이지만 인도와 맞먹는 광활한 땅에 유연탄·우라늄·철광석·금·다이아몬드가 잔뜩 매장돼 있어 '황금의 도시'로 일컬어지고 있다.

사하공화국에는 러시아 전체 다이아몬드 매장량의 82%, 금 매장량의 17.2%가 묻혀 있다. 석유와 천연가스도 각각 18억 4,700만과 7조 5,770억㎥가 매장돼 있는 것으로 추정되고 반도체 등의 재료로 쓰이는 안티몬은 러시아 전체 매장량의 81.5%, 우라늄 50%, 주석은 28%, 철광석은 6.2%가 매장돼 있다.

극동 지역의 이런 풍부한 천연자원은 아직까지 상당 부분 개발되지 않은 채 잠재력으로 남아 있다. 이 잠재력을 현실화하려면 대규모 투자가 필요하다.

러시아 정권별 주요 정책

푸틴	메드베데프
• 현실적 실리주의 외교 • 강한 러시아 건설(실추된 국제 위상 고양 노력, 미국의 독주 견제) • EU와의 협력관계 확대	• 주변국과의 관계 개선 • 강한 러시아 건설 지속
• NATO와의 CIS권 확대 견제 • 중국과 SCO(상하이협력기구) 결성 등 아시아(중국, 인도 등) 협력 비중 확대	• 푸틴 정부의 정책기조 유지 • 중국·인도와 군사적 협력 강화
• 정상적 시장경제화 추진 • 국가에 의한 경제 질서 확립 • 러시아 경제의 현대화 • 지역 경제 회복 노력	• 지속적인 경제성장 • 경제자유화와 구조조정 가속화 • WTO 가입, 주요국과의 FTA 추진 노력 • 부패와의 전쟁
• 외국인 직접투자 적극 유치 • 외국인 투자환경의 제도적 개선 • 자원·전략 산업에 대한 외국인 투자 통제 강화	• 비즈니스 환경 개선 및 투자 유치 강화 (15년 내 5대 경제대국 진입 목표) • 자원·전략 산업에 대한 통제 지속 (향후 완화 전망) • 극동 시베리아 지역 개발

(자료 : KOTRA 무역관 종합)

극동 지역의 연해주는 유리한 입지조건 덕분에 특히 대외교역이 급속히 증가하고 있는 지역이다. 연해주 최대 산업은 수산물과 수산물가공업이다. 연해주는 극동 지역에서 농업이 가장 발달한 지역이기도 하다.

우리나라의 대 연해주 주요 수출품은 폴리에스테르, 식료품, 플라스틱 제품, 10인승 중고차량 등이며 주요 수입품은 수산물, 원목, 고철, 붕소 등이다.

우리나라 대 연해주 교역 동향

(단위 : 100만 달러)

구분	2002년	2003년	2004년	2005년	2006년
교역 규모	445	440	438	643	662.7
수출	247	242	241	374	401.8
수입	198	198	197	269	260.9
무역수지	49	44	44	105	140.9

(자료 : 연해주 주정부 대외협력위원회)

특히 자동차 수입업은 연해주 내 주요 산업 중 하나로 손꼽힌다. 비공식 통계에 따르면 연해주 인구 200만 명 중 외국산 자동차 수입과 수리 관련 업종에 종사하는 인구는 15만 명에 이른다는 보고도 있다.

그러나 2008년 하반기 세계를 강타한 미국발 금융위기로 러시아 실물경제가 휘청대면서 지난 몇 년간 30~40%의 성장세를 보이던 외제차 판매는 감소세로 돌아섰다. 게다가 러시아 정부는 금융위기에 맞서 자국의 자동차업계를 보호하기 위해 자동차 수입관세를 대폭 인상했다.

2008년 12월 5일 푸틴 총리가 서명한 정부령에 따르면 신차의 수입관세는 평균 30% 인상됐고 높은 수입관세를 부과해 수입을 사실상 금지시키는 중과세 대상도 출고 후 5년 된 차량으로 확대됐다. 이 새 정부령은 공표 후 1개월 후인 2009년 1월 9일부터 발효된다.

러시아 정부의 중고차 수입규제는 극동 시베리아 자동차 시장에 큰 변화를 가져올 것으로 보인다. 극동 시베리아 지역에는 연간 30만 대 이상의 일본 중고차가 수입돼 전체 시장의 90% 이상을 점유하고 있다.

블라디보스토크 세관에 따르면 2008년 블라디보스토크를 통해 수입된 외국산 자동차는 총 33만 3,885대이며 27만 대를 수입했던 2007년도에 비해 약 20%가 증가했다.

그러나 블라디보스토크 세관은 외국산 자동차 수입관세 인상 조치로 2009년 자동차 수입량이 급감하고 2009년 1/4분기 자동차 통관세 수입도 2008년 4/4분기에 비해 40%가량 감소할 것으로 전망하고 있다.

극동 중고차업계와 소비자들은 항의 집회를 여는 등 크게 반발하고 있다.

러시아 정부의 외국산 자동차 수입관세 인상 조치에 항의하는 대규모 집회가 2008년 11월~12월 세 차례 열렸고 2009년 1월에도 있었다. 주 블라디보스토크 총영사관에 따르면 특히 2008년 12월 20~21일 이틀 동안 블라디보스토크에서 열렸던 항의 집회 때는 경찰이 시위대 강제 해산에 나서 이 과정에서 시민들과 경찰 간 물리적 충돌도 일어났다. 이 집회 해산을 위해 모스크바 근교에 주둔하는 경찰특공대가 투입됐던 것으로 알려지면서 사회적 파문이 커지고 있다.

상당수 전문가들은 이번 조치로 인해 극동 지역 내 자동차 시장이 붕괴될 수도 있다고 우려하고 있다. 블라디보스토크 경제서비스대학교 라트킨 교수는 "정부의 이번 조치로 중소 딜러와 자동차 수리업 종사자들의 대량 실직 사태가 발생하는 등 블라디보스토크 자동차 시장은 이미 침체 국면에 들어섰다"고 지적했다. 그는 또 "수입관세 인상으로 수입 자동차 가격이 오르고 자동차 수입 대수가 줄어들면 연해주 주민들의 자동차 교체 주기가 길어지고 차량 노후화도 빠르게 진행돼 교통사고 증가로도 이어질 수 있다"고 경고했다.

러시아의 중고차 수입관세 대폭 인상 조치는 우리나라 중고차 수출에도 적지 않은 영향을 미칠 것으로 보인다. 이에 대해 주 블라디보스토크 한국 무역관은 "최근의 엔고 현상까지 겹쳐 일본차의 가격 경쟁력이 급격히 약화될 것이므로 우리나라는 오히려 진출을 확대할 수 있는 방안을 적극 모색해야 할 시점"이라고 진단했다.

━━ 극동 러시아에 진출한 한국 기업들

러시아 극동 지역에는 연해주의 블라디보스토크, 하바로프스크 주의 하바로프스크, 사할린 주의 유지노사할린스크 등지에 한국 기업들이 집중적으로 진출해 있다. 마가단, 캄차트카 주 등지에도 일부 기업들이 나가 있다.

주요 진출 기업으로는 KT의 이동통신 부문 자회사인 NTC(러시아어로는 HTK), 연해주 농업 부문에 진출한 아그로상생, 현대중공업이 블라디보스토크에 건설한 현대호텔 등을 꼽을 수 있다. 건설사로는 하바로프스크에 200채 규모의 한국형 고급 아파트를 지은 계룡건설과 사할린에 LNG 공장을 건설한 대우건설 등이 손꼽힌다.

연해주의 주도 블라디보스토크는 극동 러시아의 경제 중심지이다. 블라디보스토크에는 삼성전자, LG전자 등 대기업 지사들과 중소기업, 개인사업자까지 포함해 30여 개 한국 기업들이 활동 중이다.

이들 기업 중에는 농업 분야의 아그로상생과 남양알로에, 자원 개발 분야의 LG상사, 호텔업계의 현대호텔, 통신 부문의 NTC 등이 극동 진출 성공 모델로 거론되고 있다.

극동 러시아는 '자원의 보고'인 만큼 에너지 협력의 중요성이 특히 강조되는 지역이다. 하지만 유전이나 가스전 개발은 막대한 재원과 오랜 기간이 필요한 대형 프로젝트이므로 개별 기업이 접

블라디보스토크 현대호텔.

근하는 데는 한계가 있다.

사하공화국에서 유연탄 광산 지분을 확보해 2008년부터 연간 80만~90만t의 석탄을 국내에 들여오고 있는 LG상사는 1992년 이후 15년이 넘는 세월을 이 지역에 공을 들인 결과 이 같은 성과를 얻어냈다.

최근 들어서는 극동 지역 농업 분야 진출 가능성을 타진하는 기업들도 크게 늘고 있다. 국제 곡물 가격이 급등하면서 콩, 옥수수, 밀 등 식품공업용 원료가 되는 곡물을 안정적으로 확보하기 위한 것이다.

주 블라디보스토크 한국 무역관 김경율 관장은 "극동 러시아는 기후가 열악하고 인구가 적어 시장으로서의 경제 규모가 작은 문제점 등을 안고 있지만 경쟁이 치열한 중국 시장에 비하면 미개척 시장으로서의 메리트가 크다"며 "러시아 전략가들은 오랫동안 라이벌 관계를 유지해왔던 일본이나 중국에 비해 한국이 극동 시베리아를 발전시키기에 적합한 나라라고 여기고 있는 만큼 우리 기업들이 조금 더 적극적으로 참여하길 기대한다"고 말했다.

━ 연해주 중점사업

러시아 연해주는 2012년 블라디보스토크 APEC 정상회의 개최를 계기로 크게 업그레이드될 지역으로 관심이 집중되고 있다.

연해주 주정부는 대통령의 지시에 따라 '2025 연해주 개발 전략'을 마련했다. 이 개발 전략은 경제 · 사회 발전 방향, 지정학적 과제, 2012 APEC 정상회의 준비사업, 송유 · 가스관 건설 및 관련 산업 육성 등을 주요 내용으로 하고 있다. '2025 연해주 개발 전략' 은 현재 러시아 경제개발부가 마련하고 있는 '2025년 러 극동 지역 개발 전략' 의 핵심 내용에 포함된다.

최근 들어 교통 물류 분야에 대한 러시아 국가 차원의 영향력이 감소되고 있는 추세이지만 러시아 정부는 항공 분야 인프라 확충 사업도 역점 사업의 하나로 추진하고 있다.

러시아 정부는 연해주 주도 블라디보스토크에서 열리는 APEC 정상회의 준비를 위해 블라디보스토크 신공항을 건설하기로 결정했다. 이 신공항이 건설되면 극동 지역의 허브 공항 역할을 할 것으로 기대된다.

연해주 가스화 사업도 추진되고 있다.

가즈프롬은 러시아 극동 지역 가스 운송 사업 중 사할린-하바로프스크-블라디보스토크 구간 가스관 건설을 가장 우선적으로 추진하고 있다. 2012년 APEC 정상회의를 앞두고 연해주의 발전 능력을 확충시키는 차원에서 진행되는 이 사업은 2011년 완공을 목표로 한다.

극동연방관구 러시아 대통령전권대표부는 2009년 1월 사포노프 전권대표가 승인해 사할린-하바로프스크-블라디보스토크 가스관 건설 사업을 시행·조정하는 시행본부가 설치됐다고 발표했다. 2012년 블라디보스토크 APEC 정상회의 시설물에 대해서도 가스 공급이 원활히 진행돼야 하는 만큼 이 가스관 건설 사업은 극동 자바이칼 경제·사회 개발 프로그램의 핵심 사업으로 손꼽힌다.

연해주 전 지역에 가스관을 건설하는 이 사업이 완료되면 연해주 전역에 저렴하고 깨끗한 연료 공급이 가능해져 연해주 경제가 새롭게 도약할 계기가 될 것으로 보인다. 이 가스관 건설을 계기로 LNG 플랜트, 가스 화학 단지, 광물사료 공장 건설 사업을 병행하는 방안 등도 검토되고 있다.

러시아의 도시들은 물류, 금융, 교통, 상업 등 주요 기능이 통합되지 못한 채 분산돼 있는 약점을 지니고 있다. 러시아 전문가들은 경제가 효율적으로 발전하고 시민들의 삶의 수준이 높아지기 위해서는 도시 간 통합을 통해 인구 최소 100만 이상을 보유한 도시로 조성하는 사업을 시급히 진행해야 한다고 지적하고 있다.

블라디보스토크를 광역도시화하는 '빅 블라디보스토크' 프로젝트는 이런 문제점들을 해결하기 위한 사업이다. 현재 구상 단계인 이 사업은 블라디보스토크, 아르쫌, 나홋카, 우수리스크를 통합해 경제 교육 문화의 중심지이자 러시아 극동 지역 수도의 역할을 할 수 있는 광역도시로 조성하려는 것이다.

광역도시화된 '빅 블라디보스토크'는 향후 인구 200만~300만 규모를 목표로 삼고 있다. 블라디보스토크 현대화 사업에는 블라디보스토크 상하수도 시스템 개선 사업과 의료센터 건설 등도 포함돼 있다.

━ 극동 러시아 진출 유망 분야

극동 지역 에너지 자원 개발은 정부의 정책적 지원 아래 민간 개발 사업으로 추진하는 형태를 고려해볼 수 있다. 민간기업은 현지 자원 개발 법인 지분 참여 형태로 참여할 수 있다.

우리나라 대기업들은 갈수록 경쟁이 치열해지는 세계 자원 시장에서 경쟁력을 갖기 위해 '패키지 딜(Package Deal)' 방식을 주로 이용한다. '패키지 딜'이란 사회 인프라가 열악한 국가에 인프라를 구축해주는 대가로 자원 개발권을 확보하는 사업 방식으로 러시아 자원 개발에도 이용되고 있다.

LG상사는 극동 러시아 사하공화국과 '남야쿠치야 종합개발 프로젝트'를 추진하기로 합의하고 2020년까지 550억 달러를 들여 사하공화국의 교통·에너지 인프라를 건설한다. 1992년부터 사하공화국에 공을 들인 LG상사는 유연탄 광산 지분을 확보해 2008년부터 석탄을 국내로 들여오고 있다.

2008년 9월 LG상사·한국전력·대한광업진흥공사 컨소시엄은 러시아 연방의 우라늄 생산 전담 국영기업인 ARMZ와 우라늄 개발에 협력하는 양해각서를 체결하기도 했다. 러시아와 카자흐스탄의 총 7개 광산이 투자대상으로 매장 추정량은 35만t에 달한다.

한국석유공사도 컨소시엄을 형성해 러시아 서캄차트카 해상 유전 개발 사업을 진행 중이다.

2012년 블라디보스토크 APEC 개최를 계기로 블라디보스토크를 비롯해 극동 러시아 곳곳에서 진행될 예정인 대형 건설 프로젝트 참여도 유망하다.

극동 러시아는 전력 도로 공항 항만 등 각종 사회 인프라가 낙후돼 있다. SOC 개발 프로젝트의 구체적인 대상 사업으로는 주택 건설과 도로 건설 및 개보수, 공항·항만 현대화, 호텔 등 휴양시설 건설, 산업단지 조성 등을 들 수 있다.

극동 러시아 SOC 개발에는 SK건설, 대우건설 등이 관심을 갖고 현지 조사 출장 등을 진행하기도 했지만 실제 프로젝트 참여가 확정된 사례는 아직 없다. 극동 러시아 사상 최대의 프로젝트가 진행되고 있는 만큼 우리 기업들은 프로젝트 수주를 위해 현지에 거점을 두고 적극적인 활동을 전개해야 할 듯하다.

풍림산업은 사할린에서 생산되는 석유를 수출하기 위한 데카스트리 석유터미널 공사를 완료한 후 극동 러시아 지역에서 유사 프로젝트에 참여하기 위한 방안을 모색 중이다. 대우건설 역시 사할린 LNG 액화가스 공장 건설을 마무리한 후 기존 노하우와 장비를 활용하기 위해 극동 지역 프로젝트 발굴 방안을 찾고 있다.

부산항만공사(BPA)는 대우로지스틱스, 한성라인과 컨소시엄을 형성해 러시아 민간 철도운송회사인 DVTG와 함께 러시아 연해주 나홋카 항을 컨테이너항만으로 개발하는 사업을 추진하기로 해 관심을 모으고 있다.

부산항만공사가
컨테이너 항만으
로 개발하고 있는
러시아 나홋카 항.

미래 식량 부족 현상에 대비해 지리적으로 가까운 곳에 안정적인 식량 공급처를 확보해야 하는 것도 우리나라가 안고 있는 과제의 하나다. 극동 러시아의 연해주는 우리나라와 가까운 데다 광활한 농토를 갖추고 있어 해외 농업기지로서 가능성을 지닌 곳이다.

아르헨티나, 캐나다, 호주, 우크라이나 등지는 이미 곡물 메이저 기업들이 부두를 독점하고 있어 우리나라가 뒤늦게 진출하기에는 사실상 불가능하다. 이에 비해 연해주는 지리적으로 가깝고 향후 남·북한 철도가 개통된다면 곡물 수송도 용이한 지역이다.

이미 아그로상생, 남양알로에가 연해주 지역에 진출해 있고 최근 들어서는 (주)대상, 현대중공업, 하림 등 대기업과 일부 개인사업자들이 농업 분야에서 극동 러시아 진출 가능성을 타진하고 있다.

극동 러시아는 러시아 수산물 어획고의 80% 이상을 점유하는 수산자원 보유 지역이다.

2007년 오호츠크 해 베링 해 등 극동해역의 어획고는 215만t에 달해 러시아 전체 해역 어획고의 84%를 차지했다. 수산업은 극동 러시아 주력 산업의 하나다. 따라서 수산물 어획·가공·유통 분야도 유망 분야로 손꼽힌다.

극동 러시아는 특히 제조업과 서비스업이 취약한 지역이므로 관련 분야 진출도 고려해볼 만하다. 시장 수요에 빠르게 대응하고 경쟁력을 가지기 위해서는 현지 직판 체제나 현지 생산 체제를 갖추는 것이 유리하다.

그러나 1992년 초부터 이 지역에 진출하기 시작한 20여 개 봉제업체들은 2007년 초 모두 철수했다. 극동 러시아 지역의 저렴한 인건비를 활용해 늘어나기 시작한 이들 업체들은 진출 초기 월 50달러 수준이었던 값싼 인건비가 최근에는 월 400달러 수준으로 급상승하고 극동 러시아 지역 인구 유출로 인력 확보가 힘들어지는 등 어려움이 겹치면서 철수를 결정하게 된 것이다.

극동 러시아는 우리나라와 인접해 있기 때문에 공산품과 식품 등의 수출 시장으로도 유망하다. 러시아 극동 지역은 소비재나 식품의 상당 부분을 수입에 의존하고 있기 때문이다.

이 밖에 현지의 자원과 지역적 특성을 충분히 활용할 수 있는 중소형 자원 개발이나 유통 부문, 금융서비스, 자원가공 산업 등이 극동 지역 투자 유망 분야로 손꼽힌다.

연해주,
해외 식량기지
될 수 있나

— 연해주 농업 투자 가능성

이명박 정부 들어 연해주 농업 투자에 대한 관심이 한층 높아
지고 있다.

이명박 대통령은 2008년 4월 미국 순방 당시 "연해주 지역의
땅을 30~50년 장기 임차하고 북한의 노동력을 이용하면 운송거
리가 짧아 북한에 직접 식량을 지원할 수도 있다"고 했다. 이 대
통령은 또 "식량 확보도 중요한 과제다. 궁극적으로 통일 이후에
대비해 7,000만 민족이 먹고 살 수 있는 대책이 필요하다"며 해외
식량기지 확보 방안을 추진하겠다고 언급해 연해주 농업 투자에
관심을 집중시켰다.

이 대통령의 '연해주 발언' 이후 이 지역의 농업 부문 진출에 대한 기업과 개인사업자들의 문의가 급증하고 있다. 주 블라디보스토크 총영사관은 이런 수요에 대응하기 위해 홈페이지에 연해주 농업 투자 지원을 위한 안내 코너를 따로 만들기도 했다.

현재 현대중공업, (주)대상, 하림 등 대기업들과 개인들이 연해주 내 토지 확보 가능성을 타진 중이다. 현지에선 농지 임차료가 뛰어오를 조짐도 보이고 있다.

연해주의 토지는 대부분 정부로부터 49년 동안 임차해 사용하고 3년 이상 농사를 안 지으면 주정부가 언제든지 회수할 수 있다.

연해주는 농업 여건 면에서 무한한 가능성을 가지고 있다.

연해주의 총면적은 16만 5,900km^{2}로 남한 면적의 1.6배나 된다. 이 중 논, 밭, 초지 등 개발 가능한 농지는 전체 면적의 15%인 257만 8,000ha에 달하지만 실제 이용하고 있는 농지는 20%에도 못 미치고 있다.

전체적으로는 벼농사를 지을 수 있는 땅 35만ha, 밭 75만ha, 경지 전환 가능한 초지 170만ha 등 한국 전체 농지(180만ha)보다 넓다. 재배 가능 작물은 벼, 밀, 콩 등 식량작물과 보리, 귀리, 청예 옥수수, 알팔파, 혼합목초 등 사료작물이다.

기후 조건의 영향으로 정상적인 벼농사가 이루어질 확률은 80% 정도이며, 대부분 마른 논에 물을 대지 않고 그대로 씨를 뿌리는 건답직파재배 쌀농사가 중심이 되고 있다.

연해주 전 지역에서 농지 개간이나 밭 개답 없이 가능한 영농

잠재력은 수리안전답 생산 자포니카 쌀이 최대 20만t, 밭에서 생산하는 옥수수, 맥류, 콩류 등이 최대 200만t, 건조 목초가 최대 80만t이다.

　현재 연해주는 인력, 장비, 자금 부족으로 광활한 농토가 방치돼 휴경지가 갈수록 증가하고 있는 실정이다. 특히 옛 소련 붕괴 이후 국가적 지원이 단절되고 시장경제로의 전환과정에서 정부에서 관리 운영해오던 농축산물 수매 및 농자재 공급체계도 붕괴됐다.

　국가적 차원의 재투자 역시 제대로 이뤄지지 않는 바람에 곡물 저장 및 가공 공장, 농기계 수리소, 창고작업장 등 농업 부대시설이 노후화돼 제 기능을 수행하는 것이 사실상 불가능한 상태이다. 또한 농지 사유화 이후 농업 인력의 노령화와 감소가 가속화되면서 생산성도 극도로 떨어졌다.

　연해주의 작물 단위 생산량은 세계 평균의 절반 수준에 그치고 러시아 평균에도 미달한다. 원활하게 벼농사를 짓기 위해서는 농지의 전면 재정비 또는 부분 정비가 필요한 실정이다.

　기존 농장들은 비료, 농약, 유류 등 농자재는 고가인데 비해 국가 수매가는 낮아 적자 경영을 벗어나기 어려웠다.

　연해주 주정부와 농장 경영주 등은 외국 민간자본 투자 유치에 적극 나서고 있지만 아직까지는 여러 가지 제약요인 때문에 대규모 농업 투자는 이뤄지지 않고 있다.

냉해 등 잦은 재해 발생과 영농설비 노후화, 인프라 부족으로 초기 투자 부담이 크다는 점 등이 연해주 농업 투자의 최대 걸림돌이다.

반시장적 요소들도 여전히 남아 있다. 러시아 정부는 외국인의 농지 소유를 불허하고 있고 토지를 임차하더라도 법적 보장이 미비한 상태다. 복잡한 행정절차와 농장 인수시 소속 노동자는 물론 부채까지 의무적으로 인수해야 하는 등 불안정한 제도 환경도 선뜻 투자에 나설 수 없게 하는 문제점들이다.

─ 연해주에 자리 잡은 한국 기업들

연해주가 해외 식량기지로 급부상하기 전에도 이미 우리 기업들이 진출해 영농활동을 전개해왔다. 1992년 이래 10여 개 민간 기업 및 농민단체가 연해주 농업 투자에 나섰다.

그러나 외환위기의 영향과 현지 적응력 부족으로 시행착오와 비효율적 투자를 거듭하다가 상당수가 사업을 유보하거나 중단해버렸다. 지금은 일부 민간기업과 단체만이 수백~수만ha 규모의 농지를 확보해 운영하고 있다.

남양알로에는 2001년 3월 연해주 남부 두만강 접경인 하산 지역의 크라스키노에 1,000ha의 토지를 영구 임대받아 영농에 착수

했다. 현지 농장은 북한에서 27km, 중국에서 25km 떨어진 곳에 위치하고 있다. 현재는 총 2,150ha(645만 평)의 농지를 확보하고 약용작물인 황금과 에크네시아를 주로 재배하고 있다.

2003년에 3년생 작물인 황금 시험파종을 시작해 2007년 처음으로 수확했고 전량 미국에 수출하였다. 수확량은 약 1,600t으로 분말 가공된 생산 제품을 연간 200만 달러 규모로 수출하고 있다.

2001년부터 연해주 농업 투자를 본격화한 대순진리회는 미래 식량난에 대비하고 중앙아시아에서 이주해오는 고려인들에게 안정적인 생활기반을 마련해주려는 뜻에서 항카 호 인근 지역에서 농업 투자에 참여했다.

대순진리회는 종단 산하의 복지법인 상생복지회가 100% 지분을 소유한 러시아 현지투자법인 '아그로상생'을 2002년 3월 설립해 농장을 임대하고 파종에서 수확까지 직접 관리하는 실질적 투자에 나섰다. 단순 위탁영농 형태의 투자로는 생산성이 떨어져 투자효과를 기대하기 어렵다고 판단했기 때문이다.

아그로상생 김두태 총지배인은 "그동안 새마을운동중앙협의회나 농촌지도자중앙회 등 여러 단체와 기업들의 연해주 농업 투자가 기대에 못 미쳤던 것은 '봄에 자금을 대주고 가을에 곡식을 거둬가는' 식의 위탁영농에 치중했기 때문이라고 진단해 직접 관리에 나서게 됐다"고 설명했다.

아그로상생은 2004년 4월까지 2년간 러시아 극동의 최대 호수인 항카 호를 동, 서, 남쪽에서 둘러싼 아누친스키, 포그라니친느,

항카이스키 등 3개 지역 6개 농장에 걸친 약 538km² 규모를 인수
했다. 이는 거의 서울시 전체 면적(605.52km²)에 육박하는 면적
으로, 한국 전체 경작지 면적의 1/30에 해당할 만큼 엄청난 규모
이다. 아그로상생은 이들 농장을 49년간 장기 임차해 농사를 짓
게 된다.

아그로상생은 2008년 말 현재 총 17개 농장의 13만ha(3억
9,000만 평)의 광활한 농지를 확보하고 넓은 평원에서 벼농사, 콩
농사를 짓고 있다. 2007년 상반기까지 총 투자비는 약 250억여
원. 농장임대료보다 트랙터, 콤바인, 트럭 등 영농장비 구입에 상
당 부분 투자되었다. 보통 한 해에 들어가는 40억 원의 투자비 가
운데 순수 영농투자비는 25억 원 정도이고 나머지는 장비 구입
비로 쓰이고 있다.

이 같은 대규모 투자를 바탕으로 2006년 총 1만 5,346ha의 면
적에서 벼, 콩, 보리, 밀, 귀리, 옥수수, 메밀 등 작물 총 2만 3,364t
을 수확했다. 영농장비를 확충하고 현대식 영농기법을 도입한 결
과 수확량이 이전보다 많게는 5~6배까지 늘었다. 아그로상생 측
은 영농장비 구입 등 장기투자비를 제외한 순수영농투자만 기준
으로 하면 흑자를 기록한 것으로 분석하고 있다. 2007년 매출 규
모는 550만 달러 정도였다.

최근엔 축산업을 시작했는데, 연해주 돼지 사육두수가 급격히
증가한 것은 아그로상생의 축산업 진출에 힘입은 바 크다. 국내
식품 기업들이 원료확보를 위해 자주 접촉하고 있어 이미 판로에

아그로상생이 연해주 돈사에서 기르고 있는 돼지들.

서는 탄탄한 기반을 구축한 상태이다.

이 외에 삼성 휴대전화 부품 업체인 인탑스는 50억 원가량을 투자해 1만 8,000ha 규모의 농장 3개를 확보했다.

현대중공업은 최근 10개 농장 규모의 총 15만ha에 달하는 토지를 임차하겠다는 의사를 연해주 주정부에 전달한 것으로 알려져 있다.

한국 기업 연해주 농업 투자 현황 (2008년 5월 현재)

영농기관	경영주체	임대면적	경작면적	재배작물
아그로상생	상생복지회	13만ha	2만ha	쌀, 콩
유니젠	남양알로에	2,150ha	800ha	약초
한농	한농복구회	500ha	106ha	콩, 옥수수, 채소
아로프리모리에	인탑스(삼성 휴대전화 부품업체)	2008년 3월 농장 3개(1만 8,000ha) 확보		
발해	아리랑국제 평화재단	2008년 4월 500ha 임대		콩
동북아 평화재단	동북아 평화재단	2008년 4월 800ha 임대		콩, 밀
다산 네트워크	다산, 동양물산	2008년 4월 1,800ha 임대 추진		콩, 사료
현대중공업	현대중공업	2008년 5월 농장 10개 규모 (1억 평) 임대 신청		

(자료 : 주 블라디보스토크 한국 무역관, 주 블라디보스토크 총영사관)

— 연해주 농업 투자 매력과 한계

연해주 주정부는 한국의 농업 투자에 대해 상대적으로 관대한 편이다. 러시아는 외국인의 농업 투자에 대해 특별한 제도적인 혜택을 부여하고 있지는 않지만, 곡물의 경작에 필요한 대규모 농장의 임대에 대해서는 한국의 기업들에게 상당히 관대한 것으로 알려져 있다.

극동 지역 주정부들은 지역 인구 증가를 간절히 원하지만 중국인들의 대규모 이주는 꺼리고 있다. 그러나 중앙아시아 지역에서 이주해오는 고려인들을 농업 인력으로 고용하려는 한국 기업들의 시도는 러시아 정부로부터 긍정적인 평가를 받고 있다.

블라디보스토크 한국 무역관 박기원 차장은 "연해주 농업 투자는 지정학적으로 유리할 뿐 아니라 무공해 청정지역이라는 이점 등이 있다"고 말했다.

두만강과 접하고 있는 연해주는 한국과 가장 가까운 외국이며, 생산 농산물 운송 경로가 매우 짧다. 속초와 블라디보스토크를 연결하고 있는 여객선은 하룻밤이면 상대국에 도착한다. 노동비자 받기가 상당히 까다롭긴 하지만 이 문제를 해결할 수 있다면 부족한 노동력은 북한 인력을 활용할 수도 있다. 또한 한국, 일본, 중국 등 대규모 시장을 지척에 두고 있다.

연해주 일대는 무공해 청정지역이다. 극동 러시아에서는 유전자 조작 농산물을 경작하지 않는다. 이런 점에서 연해주는 몇 개

남아 있지 않은 순수 자연산 농작물을 확보할 수 있는 지역이다. 유전자 조작 품종에 비해 생산성이 다소 떨어진다는 단점은 있지만, 건강에 대한 소비자들의 요구가 더욱 까다로워지고 있어 강점이 될 수 있다.

또한 유휴 농경지가 넓고, 낙후된 상태라 진출 여지가 크다. 우리의 자본과 영농기술, 마케팅 능력을 접목할 경우 경쟁력 있는 농산물을 생산할 수 있다. 러시아 농업인들은 사회주의 계획경제에서 자본주의 시장경제로 전환하는 과정에서 많은 어려움을 겪었다. 러시아 농업인들과의 협력은 양국 상호간에 큰 이익을 가져올 수 있을 것이다.

연해주는 역사적으로 우리 민족과 밀접한 관계가 있는 지역이기도 하다. 고구려나 발해 시대는 물론, 스탈린 정권에 의해 중앙아시아로 강제 이주됐던 고려인들의 삶의 터전이기도 했다. 지금도 중앙아시아에서 연해주로 다시 돌아온 고려인들이 1만 명 이상 거주하고 있어 노동력 부족 문제 등을 해결하는 데 도움이 될 수 있다.

농업 투자는 이런 이점을 제대로 활용하면서 장기적 안목에서 이루어질 수밖에 없다. 탄탄한 재력을 겸비한 기업이 주체가 되어 끈기를 갖고 진전시켜나가야 한다. 러시아는 우리나라와는 문화나 법제도가 다른 나라다. 성급한 투자는 실패로 이어질 가능성이 높다.

박 차장은 "러시아에서 비즈니스를 한다는 것은 '끈기' 를 절대적으로 필요로 한다"고 말했다. 지사를 설치하고, 노동비자를 받고, 거주 등록하고 비즈니스를 할 수 있도록 준비를 갖추는 데 수개월이 걸리고 결국은 힘이 다 빠져서 두 손을 들게 되는 경우도 많다. 웬만한 끈기가 없다면 러시아 시장을 노크하는 건 시간 낭비가 되기 십상이다. 그러나 일단 문을 두드렸으면 어떠한 난관도 극복하겠다는 강력한 의지를 갖고 도전할 만한 곳이기도 하다.

그동안 연해주 지역 농업 투자에서 가장 기본적으로 지적돼온 문제점은 낮은 수익성 문제였다. 다른 개발도상국에 비하면 상대적으로 높은 러시아의 인건비와 극동 지역 농지 개발에 필요한 초기 투자비용이 많이 들기 때문이다.

연해주는 광활한 토지를 효과적으로 경작하기 위해 도로와 수로 등 영농을 위한 기본적인 인프라 구축과 영농장비를 구비하는 데 상대적으로 더 많은 초기 투자비용이 필요하다. 게다가 불리한 기후조건과 상대적으로 불량한 토질과 같은 추가적인 장애요인도 존재한다.

생산물의 판로 확보도 쉽지 않다.

한국 기업들이 대규모 영농을 통해 주로 생산하게 되는 쌀, 콩과 같은 곡물은 러시아에서는 대규모 판로를 개척하는 것이 쉽지 않은 데다, 엄격한 수입제한과 높은 관세비용으로 인해 한국으로 바로 보내는 것이 불가능한 실정이다. 이 때문에 현지에 진출한 영농 기업들은 한국에 생산물을 들여오기 위해 두부나 청국장 등

가공식품으로 가공하는 단계를 거치고 있다.

연해주 농업 투자의 큰 장애요인인 수익성 문제는 최근 국제시장에서 농산물 가격이 가파르게 상승하면서 상당 부분 해소될 수 있을 것으로 전망되고 있다. 1~2년 전까지만 해도 극동 지역에서 생산되는 농산물은 국제시장 가격에 비해 20~30% 정도 비싼 것으로 평가됐지만 최근 농산물 가격이 급등하면서 가격차가 더 이상 존재하지 않게 됐다. 그만큼 생산물의 해외 수출 가능성이 커지게 된 것이다.

이명박 대통령의 언급대로 연해주 농업 투자를 통해 한국 기업들이 북한의 노동력을 활용하고, 한국 정부가 그 생산물을 구입해 북한에 지원하는 방안은 현실화되기엔 만만치 않은 문제들이 있다.

한국 기업들이 연해주의 농장에서 북한의 노동력을 이용하려 할 경우, 정상적인 상황에서는 이들에 대해서도 러시아 현지 노동법에 따라 최소임금을 지불해야 하므로 상대적으로 높은 러시아의 임금수준이 그대로 적용되게 될 것이다.

연해주 농업 투자를 위해 북한 노동력을 대규모로 고용해 수익을 내려면 러시아 정부로부터 임금수준에 관한 특별한 양허가 있어야 하고 북한 인력들이 노동비자를 받을 수 있도록 일정한 쿼터도 보장해주어야 한다. 이런 양허조치는 상당한 수준의 외교적 결단을 의미하는데 러시아 정부가 과연 이런 조치를 내릴 의사가 있을지는 알 수 없는 일이다.

현지에서 생산된 쌀이나 콩과 같은 농작물을 한국 정부가 구입해 북한에 지원하는 방안도 실현 가능성이 낮아 보인다. 현지에 진출한 한국 기업이 생산한 곡물의 생산비가 국제시세보다 낮지 않을 경우, 국제시장에서 같은 가격의 곡물을 구입해 북한에 지원하는 것이 훨씬 비용을 줄일 수 있는 방법이기 때문이다.

북한과의 사이에 수송 인프라가 극히 열악하다는 점도 감안해야 한다. 극동 지역에서 북한으로 농작물을 대규모로 수송하기 위해서는 철도나 도로, 항만시설과 같은 수송 인프라의 개선이 필요하고 추가적인 비용이 들 수밖에 없다.

연해주 지역에 대한 농업 투자는 이런 문제점에도 불구하고 한국 농업의 문제점을 해결하는 하나의 대안이자 그 이상의 의미를 가지고 있다. 연해주 해외 식량기지 확보는 구조조정의 위기에 직면한 한국 농업에 새로운 활로를 제공하고, 농산물의 안정적인 수입선 확보 방안이 될 수 있다.

또한 남북한 경제협력과 한국의 극동 지역 진출 터전을 확보하고, 고려인 이주정책을 지원하는 수단이 될 수도 있어 다목적의 정치 · 외교적인 의미도 지닌다.

연해주에선 4월에도 눈이 내린다.
농업 투자를 고려할 때는 여러 조건들을 충분히 고려해야 한다.

대륙으로 향하는 길, 극동 러시아

극동 러시아는 우리나라 입장에서는 한반도와 대륙을 연결하는 '물류의 이동 통로'로서도 주목해야 할 지역이다.

한반도종단철도(TKR)와 시베리아횡단철도(TSR)가 연결된다면 남한과 북한, 러시아의 3각 협력 사업은 폭발적인 파급력을 갖게 될 것이다. 그러나 남·북·러 3각 협력은 당위성과 잠재력만 언급돼왔을 뿐 실제적인 진전은 거의 없는 상태였다.

북한의 나진과 러시아 하산 구간 철도를 개보수하는 사업은 남·북·러 3각 협력이자 TKR과 TSR을 연결하는 시범사업의 하나로 상당한 기대를 모으고 있다. 55㎞에 달하는 나진-하산 구간은 북한과 러시아를 연결하는 유일한 철도 운송로이다.

나진-하산 구간에는 러시아의 광궤(1,520mm)와 북한의 표준궤(1,435mm)가 병설돼 있는데 1990년대 이후 이용률이 저조했다. 광궤의 경우는 거의 철거된 것과 마찬가지 상태라고 알려져 왔다.

2007년 5월 한국철도공사와 현대글로비스, 범한판토스, 우진글로벌로지스틱스, 장금상선 5개 기업은 러시아철도공사와 한·러 합작물류회사 설립을 위한 컨소시엄 'RUCO'를 창립했다.

이 한·러 합작물류회사는 설립되면 나진-하산 구간 철도 현대화 사업 등에 참여할 계획이다. 한국 측은 시베리아횡단열차(TSR)로 이동할 물동량을 확보하고 러시아 측은 시베리아횡단열차의 운임 인하, 화차 우선배정 등에 협력하기로 한 것이다. 이 한·러 합작물류회사는 나진항 개발도 계획하고 있다.

총 사업 규모는 1억 8,000만 달러. 러시아 측이 60%, 한국 측이 40% 지분을 보유하는 형태다.

북한의 나진항은 시베리아횡단열차로 연결되는 지선이 부두 앞까지 연결돼 있기 때문에 항만 개발이 제대로 완료만 된다면 나진은 시베리아횡단열차의 새로운 기·종착점이 될 수도 있다. 철도·해운 복합수송노선으로서 부산-나진 구간은 바닷길을 통해, 나진부터 유럽까지는 시베리아횡단열차로 화물을 운송할 수 있는 것이다.

그러나 시베리아횡단열차와 한반도를 연결하는 이 야심찬 계획은 이명박 정부 들어 남북 관계 경색이라는 복병을 만나 삐걱대고 있다. 러시아와 북한 측 합의는 이루어졌지만 남북 관계가 극도로 경색되면서 한국 측 참여는 불투명해진 상태다.

북한과 러시아는 2008년 10월 나진-하산 철도 현대화 사업 착공식을 가졌다.

러시아 철도공사와 북한 철도성은 2008년 4월 철도 현대화 사업 공동실현 협정을 체결했다. 이에 따라 러시아 측은 49년간 두만강-나진 구간(52km) 철도를 임차하고 나진항에 연 40만 TEU(1TEU는 20피트 컨테이너 1개) 처리 능력을 갖춘 터미널을 건설할 예정이다.

한겨울의 블라디보스토크 중앙역.

나진-하산 철도 현대화 사업이 완공되면 러시아(광궤)와 북한 (표준궤) 열차가 바퀴 교체 없이 운행할 수 있고 러시아는 이 사업의 첫 단계에서 연간 약 10만TEU(20피트 컨테이너 10만 개)의 화물을 유치할 것으로 기대하고 있다.

━ 부산항만공사의 새로운 도전

부산항만공사(BPA)도 부산항의 새로운 화물 창출을 위해 극동 러시아에 도전장을 냈다.

최근 부산항만공사는 1년 6개월의 노력 끝에 러시아 극동 지역 연해주의 나홋카 항 진출을 확정했다.

부산항만공사, 한성라인(장금상선의 자회사), 대우로지스틱스 국내 3개사와 러시아 2위의 민간철도 운송회사인 ㈜DVTG(극동 운송그룹)는 극동 러시아 나홋카 피셔리(Fishery) 포트를 컨테이너항만으로 개발해 운영할 예정이다.

국내 3개사와 러시아 DVTG는 2009년 2월 중 러시아 현지 법인을 설립하고 3월께부터 나홋카 항 기존 부두에 하버 크레인, 트랜스퍼 크레인 등 장비와 전문 인력을 투입해 부두 운영을 시작할 계획이다. BPA 등 국내 참여사들은 나홋카 항을 순차적으로 컨테이너 부두로 개발해 2011년 1월 말에는 전체 공사를 완료하고 컨테이너 부두 운영을 개시하게 된다.

이 사업에 들어가는 총 투자비용은 1,801억 원. 한국 측은 프로젝트 파이낸싱 금융 주선과 항만 건설 및 운영을 맡고 러시아 측은 정부의 인·허가, 시베리아횡단열차 운송 부문을 담당한다.

시베리아횡단열차를 이용하는 러시아 철도 운송비는 300㎞에 해당하는 비용이 중국 철도 운송비 1,500㎞ 운임과 비슷할 만큼 특정 운송업체가 폭리를 취하는 것으로 악명 높다. 러시아 측 사업 파트너인 러시아 대표 철도 운송회사 DVTG가 시베리아횡단열차 운송 부문을 담당하게 되면 이 같은 문제점도 상당 부분 해소될 것으로 기대된다.

지분율은 러시아 측이 50%+1주, 한국 측이 50%-1주(부산항만공사 24%-1주, 대우로지스틱스와 한성라인 각각 13%)를 보유하는 형태다. 러시아 정부가 합작기업의 외국인 지분을 50% 미만으로 제한하고 있기 때문이다.

부산-극동 러시아 구간은 2007년에만 물동량이 30%나 증가하는 등 세계적으로 물동량 증가율이 가장 높은 곳으로 주목받고 있다. 극동 지역 항만들은 러시아 대외교역 물동량의 약 16%, 러시아 항만 통과 물동량의 20%가량을 처리하고 있다.

그러나 러시아 극동 지역 항만들은 아직 현대화되지 못한 상태여서 한국해양수산개발원(KMI)이 2007년 11월에 발표한 '러시아 극동 지역 항만 개발 사업 타당성 조사연구'에 따르면 2010년 이후에는 시설능력이 부족해 증가하는 물동량을 제대로 처리하지 못할 것으로 분석됐다.

러시아 극동 진출 기회를 노려왔던 부산항만공사는 나홋카와 자루비노, 블라디보스토크 항 등을 고려 대상에 놓고 고민하다 야드 상태나 수심 등이 컨테이너항만으로 개발할 수 있는 적합한 조건을 갖춘 나홋카 항을 선택했다.

그동안 한성라인의 모 회사인 장금상선은 우리나라와 러시아 극동 항만을 오가며 연간 8만TEU의 물동량을 취급해왔고 대우로지스틱스는 러시아 극동 지역에 연간 8만 대에 달하는 수입 자동차 공급을 해왔던 업체다.

부산항만공사는 러시아 극동 지역 물동량뿐만 아니라 헤이룽장(黑龍江), 랴오닝(遼寧), 지린(吉林) 등 중국 동북 3성 지역의 물동량까지 부산항으로 끌어들일 야심찬 계획을 갖고 있다.

부산항에서 극동 항만으로 올라가는 컨테이너 적재율은 90%에 이르지만 러시아에서 돌아오는 컨테이너 적재율은 10%밖에 되지 않아 돌아오는 길의 빈 컨테이너 문제를 해결해야 하기 때문이다.

부산항만공사는 중국 동북 3성 화물을 겨냥, 중국 훈춘-러시아 자루비노-부산항을 연결하는 물류프로젝트도 본격 추진 중이다. 특히 자루비노 항은 중국 국경과 70km밖에 떨어져 있지 않아 동북 3성에서 만들어진 화물을 2~3일이면 배에 실을 수 있는 이점이 있다.

세계적 제조업체들이 입주해 화물을 쏟아내고 있는 동북 3성은 중국의 가장 가까운 다롄(大連) 항과는 1,300㎞ 넘게 떨어져 있다. 화주의 입장에서는 다롄 항을 이용할 경우 일주일 이상의 시간이 걸리지만 가까운 러시아 자루비노 항을 이용하게 되면 다롄 항을 이용하는 것보다 TEU당 600달러 이상 물류비를 절감할 수 있는 큰 장점이 있다.

수출입 화물을 신속하게 수송하고 물류비를 절감하기 위해서는 지리적으로 가까운 러시아 연해주 일대 항만을 이용하는 것이 가장 효율적인 대안인 것이다.

나홋카 항 역시 컨테이너 부두로 잘 운영하게 되면 러시아 연해주는 물론 중국 동북 3성의 물동량까지 부산항으로 빨아들이는 '블랙홀'이 될 수 있는 곳이다.

이런 계획들이 순조롭게 진행되면 부산항은 연간 40만TEU(20피트 컨테이너 40만 개)를 웃도는 새로운 물동량을 창출할 것으로 기대되고 있다.

부산항만공사는 2008년 11월 중국 헤이룽장(黑龍江) 성 무단장(牧丹江) 시와 쑤이펀허(綏芬河) 시와 '쑤이펀허 내륙컨테이너 기지(ICD) 조성과 운영을 위한 양해각서(MOU)'도 체결했다. 이 양해각서 체결로 부산항만공사는 중국 동북 3성의 화물을 러시아 철도로 운송해 극동 러시아 나홋카 항으로 옮긴 뒤 부산항으로 운송해 수출하는 운송 체계 구성의 첫발을 내디뎠다.

나훗카 항

쑤이펀허 내륙컨테이너기지가 완공되면 한국·중국·러시아 사이에 획기적인 물류 통로가 생기게 된다.

부산항만공사와 현대택배㈜, 무단장 시 인민정부와 쑤이펀허 시 인민정부, 러시아 철도운송회사 DVTG(극동운송그룹) 등은 이 양해각서에서 공동으로 쑤이펀허 중·러 경제자유합작구역 안에 내륙컨테이너기지를 개발하고 운영하는 사업을 진행하기로 합의했다.

중국 무단장과 쑤이펀허 정부는 저렴한 가격에 사업 부지를 제공하고 도로·철도 등 기반시설을 공급하게 된다. 부산항만공사와 현대택배㈜는 재원을 조달해 내륙컨테이너기지를 조성하고 임대차 계약과 화물유치 등 전반적인 운영을 맡기로 했다. 러시아 DVTG는 중국 쑤이펀허-러시아 연해주 나홋카 구간 철도 운송을 책임질 예정이다.

러시아 연해주와 철도로 연결돼 있는 쑤이펀허는 러시아로부터 연간 800만t의 목재를 수입하고 러시아로 농산물 등을 수출하는 등 성장 잠재력이 큰 도시이다.

지금까지는 1차 가공된 목재를 중국 다롄 항을 통해 수출해왔지만 이동거리가 무려 1,700㎞에 달해 물류비용이 많이 들고 운송기간도 상당히 길었다. 이 쑤이펀허 내륙컨테이너기지가 완공되면 화주들은 거리가 먼 중국 다롄 항 대신 러시아 나홋카 항을 이용할 수 있어 이동거리가 270㎞로 대폭 줄어들게 된다. 이처럼 운송기간과 물류비용을 크게 절감할 수 있기 때문에 화주들 입장에서는 상당히 매력적인 구간이 될 수 있다.

쑤이펀허 내륙컨테이너기지가 조성되고 나홋카 컨테이너 전용부두 개발이 완료되면 중국 동북 3성 지역의 화물을 철도로 운송해 러시아 나홋카 항을 거쳐 부산항으로 원활하게 유치할 수 있게 되는 것이다.

물론 이들 해외 사업을 성공적으로 추진하려면 양국 국경을 통과하는 데 드는 관세와 도로망 문제 등 순차적으로 해결해야 할 과제가 남아 있다.

부산항만공사 항만건설팀 권소현 팀장은 "극동 러시아 항만 진출만으로는 부산항의 신규 물동량 창출에 한계가 있을 수밖에 없다"며 "이 계획들이 실현되면 우리나라와 러시아 중국이 힘을 합쳐 함께 윈-윈할 수 있을 것"이라고 말했다.

‘되는 것도 없고,
안 되는 것도 없는’
시장

러시아 시장에서는 ‘되는 것도 없고, 안 되는 것도 없다’.

쉽게 할 수 있고 당연히 성사되리라 여겼던 일이 뜻밖의 복병을 만나 이루어지지 못하는 경우가 있는가 하면 도저히 불가능해 보이던 일이 의외로 쉽게 성사되기도 하기 때문이다.

극동 러시아는 잠재력과 가능성의 측면에서는 매력적인 시장이지만 투자자의 입장에서 보면 수많은 위험 요인을 안고 있는 곳이기도 하다. 전형적인 ‘하이 리스크 하이 리턴’ 시장인 것이다.

러시아에 이미 진출한 한국 기업들은 어떤 어려움을 겪고 있을까.

우리 기업들은 러시아의 까다로운 수입 통관절차와 시장 정보 부족 등으로 특히 힘들어하는 것으로 나타났다.

최근 전국경제인연합회가 148개 국내 기업을 대상으로 설문조사를 실시한 결과, 응답 기업의 87.7%가 '잘못된 법과 관행으로 대(對) 러시아 사업에 어려움을 느끼고 있다' 고 했다. 애로를 느낀다고 한 기업 중 40.6%는 통관 시스템의 개선이 가장 시급하다고 지적했다. 러시아로 수입되는 제품의 법정 통관기간은 3일이지만 한 달 이상 지연되는 사례가 빈번하게 있기 때문이다.

러시아 정부는 2004년부터 신관세법을 시행해 통관 처리기간을 줄이고 있지만 설문에 응답한 기업들은 별로 개선된 것이 없다는 반응을 보였다.

기업들이 이용할 수 있는 시장정보가 제한적이라는 지적(31.3%)도 나왔다. 응답 기업들은 거의 모든 정보나 자료가 러시아어로 돼 있는 데다 정확도도 높지 않다고 답했다. 이 같은 불만은 러시아 정부가 주도하는 입찰 사업에 참여를 희망하는 기업들이 많이 제기했다.

러시아의 수출입 관세가 지나치게 높다는 응답(17.2%)도 있었다. 기업들은 "러시아의 평균 수입관세율은 13% 수준이나 수입물품에 따라 자의적으로 높은 관세를 매기는 경우가 많다"고 불만을 토로했다.

── 기업 발목 잡는 러시아 정부의 21세기형 '쇄국정책'

러시아 극동 진출에는 갖가지 어려움이 곳곳에 도사리고 있다.

우선 러시아 정부의 강력한 자원 통제가 큰 걸림돌이다. 러시아 연방정부는 최근 들어 강력한 자원 통제와 에너지 산업 국영화로 국가 위상을 제고하려는 노력을 가속화하고 있다.

러시아 정부는 환경규제를 외국 기업을 통제하는 주요 수단으로 활용하고 있다. 사할린-2 지역의 개발권을 갖고 있던 쉘사는 러시아 정부의 환경 파괴에 따른 벌금 부과와 사업 중단 지시에 못 이겨 최근 개발권을 러시아 국영기업인 가즈프롬에 이양하기도 했다.

러시아 정부는 러시아 내에서 가스를 채굴한 외국 기업이 해외 수출을 희망할 때 가즈프롬과 사전 협의할 것을 의무화하고 있기도 하다.

러시아 정부는 국영기업을 통해 민간업체를 인수하거나 해외 기업의 지분 확보에 가속도를 내고 있다.

또 러시아 자국의 에너지 산업을 가스는 가즈프롬, 석유는 로스네프트, 송유관은 트랜스네프트 3대 국영기업체제로 재편했다. 러시아는 지금까지 서시베리아 중심이었던 에너지 자원 생산지를 극동, 동시베리아, 러시아 북부, 카스피 해 연안 등으로 넓혀 생산지역을 다변화할 계획이다.

러시아 정부는 2008년 5월 5일 42개 전략 산업과 일부 광물자원에 대한 외국인 투자가 일정 규모 이상을 넘을 경우 일정한 규제를 가하는 '국가안보 전략기업에 대한 외국인 투자법'을 공표하기도 했다.

42개 전략 산업에 대해 50%, 광물자원의 경우 10% 미만으로 외국인 투자지분을 제한하고 전략 산업의 경우는 25% 이상 지분을 취득하려면 정부 승인을 받아야 하고 광물자원은 5% 이상 지분 취득시 신고를 해야 한다는 것이다.

법이 적용되는 42개 전략 산업 분야는 원자력, 항공우주, 방산, 금속, 방역, 보안, 금속, 지질탐사, 어업, 방송(TV 라디오), 신문 및 출판(발행부수 100만 부 이상 신문, 월간 최저 출판량 2억 페이지 이상 출판사 대상) 등이다.

광물자원으로는 유전은 7,000만t 이상인 경우, 기타 자원 중에는 가스전 500억㎥ 이상, 금광 50t 이상, 구리 50만t 이상 등 기준 규모를 정해두고 있다. 이 외에도 우라늄, 다이아몬드, 순수 크리스털, 이트륨, 니켈, 코발트, 탄탈륨, 니오비움, 베릴륨, 리튬, 백금 등과 대륙붕 및 내해의 모든 광물자원이 대상이 된다. 그러나 전력, 목재가공, 석유화학, 가스화학, 중화학, 자동차, 조선 등은 해당 산업에서 제외됐다.

이 법에 따르면 외국인은 부동산(토지) 구입이 불가능하다. 또한 법인 등록 후 1년 이내 법정자본의 50%를 납입해야 하는 규제도 있다.

원자재 수출 규정도 종종 바뀐다. 러시아는 최근 러시아산 고철의 해외 유출을 막고 국내 공급을 확대하기 위해 고철 수출 규제 조치를 마련했다. 러시아 극동 지역의 고철 수출을 캄차트카 주의 페트로파블로프스크 캄차트스키 항에서만 할 수 있도록 하는 '특정물품 세관신고 장소에 관한 러 연방관세청 훈령'이 2009년 3월 30일부터 발효될 예정이다.

이에 대해 졸로토이로그 지는 이 고철 수출 규제 조치가 발효될 경우 그동안 극동 지역 항만을 통해 수출되던 고철의 전량을 아무르메탈사가 흡수하게 될 것이라고 전망했다. 아무르메탈은 극동 지역 최대의 철강회사로 연간 생산 규모는 200만t에 달한다.

러시아 극동세관도 이번 조치가 1997년 고철 수출에 대한 무관세 조치 실시 이후 극동 지역 내 형성된 비정상적인 시장 상황을 해소하기 위한 방안이라고 평가했다.

그러나 극동 지역 고철 수출업계는 어느 누구도 캄차트카에서 고철 통관수속을 밟지 않을 것이며 이번 조치는 사실상 고철 수출 금지 조치라고 보고 있다. 업계는 앞으로 고철 수출 종사자들의 대량 실직사태가 일어날 것이라고 우려하고 있다.

러시아에 진출한 우리 기업들이 겪고 있는 또 다른 어려움으로는 러시아 비자 및 노동허가 획득 문제가 있다.

국가 간 항공협정을 체결해 블라디보스토크를 취항하고 있는 대한항공의 지점장조차 연해주 이민청이 자국법령 변경을 이유로 비자 발급을 지연해 3개월에 한 번씩 한국을 왔다 갔다 하며 비자를 갱신하는 번거로움을 겪었을 정도다.

러시아에서 일을 하려면 연방 이민청의 허가를 받아 연방 이민국에서 노동 쿼터를 받아야 하는데 2008년에 해당하는 노동 쿼터가 일찍 차버렸기 때문이다. 이에 비해 하바로프스크에 취항하는 아시아나 항공 직원들은 별 문제 없이 노동 쿼터를 할당받아 원칙 없는 행정에 대한 불만의 소리가 높았다.

한국관광공사 블라디보스토크 지사를 비롯해 상당수 상사 주재원들의 비자 문제도 같은 이유로 해결되지 않아 직원들이 오랫동안 불안정한 상태에서 근무를 하고 있는 형편이다.

블라디보스토크 중국 시장 풍경.

러시아는 외국인 투자자에 대한 소유권 보장이 미흡한 나라다.

러시아 현지 파트너와 분쟁이 발생했을 경우 믿을 만한 분쟁 해결 장치가 부족해 외국인 투자자는 여러 면에서 불리한 상황에 처할 수 있다. 심지어 신변위협이나 강제출국과 같은 사태가 일어날 가능성도 있다. 실제로 개인사업자의 비자갱신을 해주지 않아 강제출국 하게 된 사례도 있다.

부산항만공사(BPA) 컨소시엄은 러시아 철도 운송회사 DVTG와 나홋카 항 개발에 합의하면서 분쟁 해결지를 런던국제중재법원으로 정하기도 했다.

러시아는 또 외국인 투자자와 내국인을 동등하게 대우하는 것을 원칙으로 하고 있어 외국인 투자자에 대한 별다른 인센티브가 없는 나라다. 관급 공사 등에서는 주로 러시아 자국 기업에 대해 우선 참여 기회를 제공하고 있어 외국 투자업체가 참여하기 쉽지 않다.

외국인 투자자들은 본국과는 다른 상관행과 문화 등으로 어려움을 겪을 가능성이 크고 특히 동양계 외국인에 대한 주민들의 배타적인 시각 등도 부담이 될 수 있다. 또 외국법인은 조세 감시 특별 대상으로 주목을 받기도 한다.

━━ 열악한 사회 인프라와 뿌리 깊은 행정 관료주의

러시아 극동 지역은 천연자원의 보고이지만 열악한 기후 환경과 낙후된 교통 인프라 사정 때문에 자원 개발이 쉽지 않은 문제점이 있다.

또한 극동 러시아는 한국과 인접해 있지만 해상운임이나 항공운임이 거리에 비해 지나치게 높아 인적·물적 교류에 큰 장애가 되고 있다.

취항할 배편은 한정돼 있는 데 비해 극동 러시아 항구를 통해 서부 러시아나 중앙아시아 지역으로 가는 환적 물량이 많다 보니 선적해야 할 물량의 컨테이너를 확보하는 것조차 어려운 경우도 종종 있다.

극동 러시아 세관은 물품통관을 위해 요구하는 서류가 많고 복잡한 데다 통관에 상당한 시간이 걸려 창고보관료가 기하급수적으로 증가하기도 한다.

특히 블라디보스토크 항구는 통관지체로 항만 기능이 정상적으로 가동되지 못하는 경우가 잦다. 극동세관은 2008년 4월 1일자로 블라디보스토크 세관 조직개편을 단행했는데 실제로는 세관 수가 줄어들면서 서류 작성 시간이 한층 많이 소요돼 정상적인 기능 수행이 어려운 상황이 됐다.

연해주는 아시아 태평양 지역의 창구로서 시베리아횡단철도(TSR)를 활용한 물류센터로 성장하는 것을 목표로 하고 있지만 복잡하고 까다로운 통관시스템과 시베리아횡단열차 운임 상승이 여전한 장애 요인이 되고 있다.

행정 관료주의와 부패가 만연한 후진적 관행과 제도 때문에 생산 능률이 크게 떨어지는 문제점도 안고 있다. 게다가 정부의 규제와 개입은 나날이 확대되는 추세여서 외국 기업들의 투자 활동을 위축시키고 있다.

러시아는 2008년 5월 메드베데프 대통령 취임 직후 '부패와의 전쟁'을 선언했을 만큼 '부패 왕국'으로 악명 높다. 2008년 12월 국제투명성기구(TI)가 발표한 '뇌물공여지수(BPI)'에서 러시아는 10점 만점에 5.9를 기록해 조사 대상 22개국 중 꼴찌의 불명예를 안았다.

러시아 연방 대검찰청 자료에 따르면 2008년 상반기 러시아 내 뇌물 관련 사건은 2,700건에 달해 2007년 같은 기간에 비해 10%가 늘었고 러시아 부패 관료들이 챙기는 돈은 한 해 정부 예산의 3분의 1에 해당하는 1,200억 달러에 달할 정도다.

러시아는 2000년 푸틴 전 대통령 취임 때부터 부패 척결에 힘써왔지만 소비에트 시절 이래 관료 사회에 만연해 있던 부패를 뿌리 뽑는 데는 실패했다.

리아 노보스티 통신은 2008년 12월 메드베데프 대통령이 사법 기관 공무원을 비롯해 공직사회의 청렴도 향상을 목표로 하는 반(反)부패 법안에 서명했다고 보도했다. 이 법안에 따르면 앞으로 공직자들은 3,000루블(2009년 2월 현재 한화 약 12만 6,000원) 이상의 선물을 받을 수 없고 그 이상의 선물은 국가 재산에 귀속된다. 또 공직에서 물러난 관리가 직무와 연관된 영리 또는 비영리 조직에서 일하려면 퇴직 후 2년까지 정부의 사전 허가를 받도록 했다.

반부패 법안이 '부패 왕국' 러시아의 오명을 없애는 데 기여할 수 있을지 지켜볼 일이다.

─── 러시아 시장에 진출하려면

러시아는 섣불리 접근할 수 있는 만만한 시장이 아니다. 사업 시작 전 철저한 사전 조사와 대응 전략 수립이 절대적으로 필요한 지역이다.

우선 환율이나 정책변화 등 위험요소에 대한 대응책을 철저히 마련해두어야 한다. 세금 제도, 환경법, 노동법, 사회 인프라 등에 대한 사전조사 역시 필수 사항이다.

극동 러시아 지역은 물류비용이 많이 들고 추위 등으로 운송이 쉽지 않은 경우가 많아 원·부자재의 현지 조달 가능 여부 등도 미리 확인해 대비해야 한다.

러시아 측 합작 파트너에 대한 철저한 검증도 빠뜨릴 수 없다. 러시아 사회는 아직까지 부패와 행정 관료주의가 만연해 있는 만큼 합작 파트너의 관계 및 재계에 대한 영향력, 재력, 과거의 경력과 현재의 신뢰도 등을 다방면으로 확인해야 한다.

러시아인과 동등한 파트너 관계를 유지할 수 있을 만한 러시아어 실력 역시 필수 항목이다. 모든 거래에 통역을 대동할 수는 없는 데다 통역이 얼마만큼 비밀을 지킬 수 있는지도 알 수 없기 때문이다.

러시아는 아직 금융 부문이 취약한 나라다. 금융 산업의 자금 공급 역할이 여전히 미흡하고 현지에서 자금을 조달하려면 높은 이자 부담을 져야 하므로 운용자금도 여유 있게 확보해야 한다.

극동 지역은 연해주의 주도인 블라디보스토크조차 신용카드 사용이 일반화돼 있지 않아 교민들은 자녀 학교 수업료를 내는 등 일상적인 거래에서도 루블화를 다발로 들고 가는 수고로움을 아직도 거듭하고 있는 실정이다.

극동 시장,
이렇게 정복했다

"혹시 돈 될 만한 사업거리는 없었는지…."

블라디보스토크에 기자 연수를 다녀왔다고 하면 대뜸 이런 질문부터 하는 사람들이 종종 있다.

결론부터 말하자면 러시아는 그렇게 만만한 땅이 아니다. 러시아는 큰 흐름에서 보면 분명 지속적으로 발전해나가고 있다. 하지만 각론으로 들어가 보면 체제가 안고 있는 문제점이 너무나 많은 곳이기도 하다.

러시아 극동은 우리에게 기회이자 도전의 땅이다. 그러나 극동이 진정한 기회의 땅이 되려면 도전에 앞서 치밀한 전략과 분석이 있어야 한다. 러시아에 대한 폭넓은 이해와 인내심도 필요하다.

재러 사업가 김경재(43) 씨는 "러시아 시장에서 성공하려면 무엇보다 러시아에서 오랫동안 버틸 수 있어야 하고 러시아어를 자유자재로 구사할 수 있어야 한다"고 했다.

그가 지켜본 실패하는 한국 사업가들의 공통점은 '얼마 안 되는 자본을 가지고, 특별한 아이템도 없이, 러시아어조차 할 줄 모르면서 일단 뛰어들고 본다' 는 것이었다.

치밀한 사전 준비 없이 '한방에 일확천금' 을 꿈꾸며 러시아 땅을 밟았다가는 좌충우돌하다 순식간에 자본금을 날릴 수도 있다.

김 사장은 "러시아에서 돈을 벌려면 빨리 승부를 내려고 해서는 안 된다"고 조언했다.

재러 사업가
김경재 씨.

그는 목재업을 주업으로, 한식당 경영을 부업으로 하며 블라디보스토크에 8년째 살고 있다. 블라디보스토크와의 인연은 1993년 2월로 거슬러 올라간다. 그는 극동국립대학에 어학연수를 오면서 러시아 땅에 첫발을 디뎠다. 생물학과를 졸업했지만 미래가 보이지 않아 단국대 러시아어과에 편입을 했고 이 학과 1회 졸업생이 된 직후였다.

10개월의 연수를 마치고 귀국한 지 2년쯤 후 러시아와 본격적인 인연의 길이 열렸다. 입사했던 철강회사에서 블라디보스토크 지사를 만들면서 파견 근무를 나가게 된 것이다.

3년간 근무했을 때 회사는 외환위기의 소용돌이 속에 부도가 났고 그도 실업자가 됐다. 때마침 극동 지역에서 목재 사업을 하던 우리나라 기업인이 "함께 일 해보지 않겠느냐"는 제안을 해왔다. '철강에는 대기업의 자본이 필요하지만 나무는 도끼 들고 산에 가서 찍어오면 되지 않을까' 생각했던 그는 용기백배해 새 일에 뛰어들었다.

그렇게 목재업의 노하우를 익힌 후 2001년 독립해 본격적으로 목재 수입 사업을 시작했다. 시베리아에서 소나무를 수입해 오기 전 그 시장을 제대로 알기 위해 이르쿠츠크 등지를 수없이 왔다 갔다 했다. 당시 서울에 있던 집을 팔아 손에 쥔 8,500만 원을 시베리아 출장에 거의 다 써버렸을 정도다.

당시에도 이미 하바로프스크 등 극동 지역에 우리나라 중소기업들이 속속 진출해 목재 수입 경쟁을 벌이고 있던 터라 그는 일찌감치 시베리아로 눈을 돌렸다. 시베리아 시장 선택은 탁월했다. 극동 지역에서 우리나라 수입업체들끼리의 목재 수입 경쟁은 나날이 치열해져갔다.

2007년 그가 러시아에서 한국으로 수입해 들여온 제재목은 러시아에서 한국 시장으로 수입되는 전체 제재목의 약 40%에 달하는 1,500만~2,000만 달러 규모였다.

목재를 수입하기 위해서는 겨울에 벌목을 하고 여름에는 장비 등을 구입해 벌목 준비를 해야 한다.

러시아 원목 시장은 분업이 안 돼 있기 때문에 벌목사업체는 벌목에 필요한 A부터 Z까지 모든 걸 다 갖추고 있어야만 한다. 목재 수입 과정에서 손실을 입지 않으려면 벌목업체와 운송업체 간 연결도 원활해야 한다.

눈이 많이 쌓인 땅은 단단히 얼어야 목재를 실은 트럭이 잘 달릴 수 있다. 벌목은 다 마쳤는데 땅이 녹기 시작하면 운송이 쉽지 않다. 벌목업체나 운송업체들은 이런 사정을 뻔히 알고 있기 때문에 갖가지 핑계를 대며 시도 때도 없이 돈을 달라고 하는 경우가 많다고 한다.

러시아 시장의 큰 복병 중 하나는 법이 자주 바뀐다는 것이다.

러시아는 2009년 1월 1일부터 관련법에 따라 원목 수출을 금지하기로 해 한때 목재 수입업체들이 대책을 마련하기 위해 분주했다.

처음부터 원목이 아닌 제재목을 수입해온 김 사장은 이 소용돌이를 비껴갈 수 있지만 상당수 한국 수입업체들은 제재목을 만들 수 있는 설비까지 갖춰야 할 판이다. 러시아 정부의 이 같은 제재는 중국이 시베리아의 원목을 수입해 가구를 만든 뒤 러시아에 역 수출하는 관행을 막기 위해 시행되는 것으로 알려졌다. 하지만 이 법은 최근 시행이 연기돼 목재 수입업체들은 다행히 한시름 놓게 됐다.

굳이 이 경우가 아니더라도 러시아에서 사업을 하려면 법을 잘 알아야 한다. 결국 이 모든 난관은 러시아인만큼 러시아어를 할 줄 알아야 미리 대비하고 헤쳐나갈 수 있는 것들이다.

통역을 데리고 일하는 것도 경계해야 할 일이다. 통역이 있을 경우 계약 당사자들만 알아야 하는 비밀이 새어나갈 가능성이 늘 있기 때문이다. 그래서 러시아어가 서툰 우리나라 기업인 중에는 중요한 부분은 통역 없이 사전을 펴두고 단어만 나열해가며 힘겹게 계약을 하는 사람들도 있다.

극동 지역에서는 영어를 잘하는 러시아인을 찾기 어렵다. 러시아에서 사업을 하려면 러시아어는 필수다.

러시아어가 능수능란하게 되더라도 러시아는 사업하기 어려운 땅이다.

김 사장은 "러시아 시장이 '파는 사람의 시장' 이기 때문" 이라고 했다. 러시아 시장은 수요자는 많은데 공급자가 절대적으로 부족한 것이 특징이다. 그래서 '파는 사람 중심의 시장' 이라 바이어들이 여간 힘든 게 아니다.

또 러시아 측 사업 파트너들은 약속을 잘 안 지킨다. 거래에서 더 없이 중요한 선적 날짜 등도 쉽게 어겨버린다. 예를 들어 계약 당시 100원이었던 물건도 선적할 때는 110원을 주지 않으면 선적할 수 없다고 버티기도 한다. 반대로 계약 당시에 비해 여건이 좋아져 선적할 때 물건 가격이 하락했더라도 가격을 내려주는 법은 결코 없다.

물건 인도 전 선금부터 요구하는 회사들도 많다. 세계 경제 상황은 하루가 다르게 변하는데 몇 달 후 실제 거래될 상품에 대한 대금을 미리 치른다는 건 바이어 입장에선 리스크가 큰 거래일 수밖에 없다. 게다가 선금만 받고 잠적해버리는 경우까지 종종 있다. 러시아에서도 규모가 큰 회사들은 선금 거래를 요구하지 않는다.

베테랑 제재목 수입업자인 김 사장 역시 최근에도 선금 거래의 피해를 본 적이 있다. 물품을 인도받기 6개월 전 선금을 치렀는데 얼마 지나지 않아 해당 회사는 문을 닫아버렸다. 몇 달 마음 고생한 끝에 다행히 지불했던 돈은 겨우 돌려받을 수 있었다.

김 사장은 2006년 여름, 친한 러시아인 한 사람과 한국인 지인 세 사람과 함께 공동투자를 해 블라디보스토크에 한식당을 열었다. 식당이 다소 외진 곳에 위치해 콘셉트를 '아는 사람들이 즐겨 찾는 고급 레스토랑'에 맞췄다. 개업 후 한동안은 운영이 어렵기도 했지만 2년가량 지나면서 고객은 지속적으로 늘어나고 있다.

블라디보스토크 스쁘르찌브나야 해변에서 한가로운 시간을 보내고 있는 러시아인들.

한국인뿐만 아니라 블라디보스토크의 부유층들이 자주 찾는 식당으로 자리 잡은 덕분이었다.

이 식당은 매출 시스템이 전산화돼 있고 블라디보스토크에서는 몇 안 되는 신용카드 계산이 가능한 곳이기도 하다.

그가 아는 러시아 시장은 우리가 흔히 생각하듯 '느슨하지' 않다. 변화의 속도도 워낙 빠르다 보니 2주가량 한국에 갔다 오면 2~3일 이곳저곳 전화를 해 그동안의 변화상을 부지런히 확인을 해야 그 사이에 바뀐 흐름을 따라갈 수 있을 정도다.

그는 '러시아 경제는 결코 거꾸로 가지 않는다. 쉼 없이 앞으로 나아가고 있다' 고 확신한다. 이런 시장에서 성공하려면 '현지화하려는 노력' 이 절대적으로 필요하다. 러시아인들의 문화, 사고 체계, 비즈니스 관행 등을 제대로 알고 철저히 현지화해야 한다는 것이다.

그는 러시아 시장에 미래를 건 우리나라 젊은이들을 가끔 만난다. 러시아어를 잘하고 현지 상사에서 근무한 경험도 있는 그들은 '러시아화' 하려는 노력을 게을리하지 않고 있다. 그 중에는 러시아 여성과 결혼해 생활하는 사람도 있다.

그들은 빨리 승부를 내려 하지 않지만 그렇다고 게으르지도 않다. 러시아에 대한 이해를 바탕으로 성실하게 한 걸음씩 전진하고 있다. 그는 "그들이야말로 러시아 시장에서 성공할 수 있는 사람늘" 이라고 말했다.

PART **3**

관광시장의
다크호스

지구촌을 누비는 러시아 관광객

최근 들어 유럽이나 아시아 등지를 여행하다 보면 러시아인 단체 관광객들을 곳곳에서 만날 수 있다.

최근 몇 년간 유가가 고공행진하면서 소득 수준이 높아진 러시아는 아웃바운드 관광객이 해마다 증가하고 있는 추세다. 특히 빈부 격차가 극심하다 보니 부유층을 중심으로 해외관광 수요는 급격히 높아지고 있다.

러시아인들이 선호하는 해외여행지는 터키, 이집트, 그리스, 아랍에미리트 등 주로 열대 지역이며, 러시아인들은 유럽의 휴양지도 즐겨 찾는다.

트래벌 앤드 투어리즘 인텔리전스에 따르면 러시아의 아웃바운드 관광시장 규모는 2006년 현재 2,701만 명으로 세계 7위에 올

러시아인 선호 휴양 국가

(단위 : 명)

순위	국가	2007년	2008년
1	터키	1,920,000	1,470,000
2	이집트	1,250,000	902,753
3	핀란드	657,138	562,615
4	이탈리아	334,113	245,821
5	스페인	318,639	246,112
6	그리스	243,958	198,783
7	태국	232,247	144,799
8	독일	231,318	225,741
9	아랍에미리트	207,206	173,885

(자료 : 러시아 통계청)

러시아 관광시장 변화

(단위 : 만 명)

구분	2001년	2002년	2003년	2004년	2005년	2006년
입국자	2,157	2,330	2,250	2,206	2,220	2,249
출국자	1,794	2,034	2,047	2,451	2,659	2,701
계	3,951	4,364	4,297	4,657	4,879	4,950

(자료 : 한국관광공사)

라 있다.

러시아 관광시장은 연평균 성장률에서도 1999~2005년 14.8%를 기록한 데 이어 2005~2010년 6.2%, 2010~2015년 7.1%로 지속적인 성장세를 보일 것으로 전망되고 있다.

러시아는 푸틴 전 대통령이 집권한 지난 8년간 정치, 사회적으로 안정을 찾고 경제발전을 이루면서 세계적인 신흥 관광 잠재시장으로 부상했다. 관광객 유치를 위해 치열한 경쟁을 펼치고 있는 각국 관광업계는 러시아 관광객들에게 부지런히 '러브콜'을 보내고 있다.

유럽의 대표적 관광 국가인 영국과 프랑스는 러시아인 관광객 유치를 위해 새로운 비자 발급 제도를 도입하거나 비자센터를 추가 증설하고 있기도 하다.

영국은 2008년 2월부터 러시아인에 대해 영국 방문 비자 신청 온라인 접수제도(영국 방문 비자 신청 사이트 www.visa4uk.fco.gov.uk)를 시행 중이다. 프랑스는 모스크바 중심의 러시아 관광객 모시기를 벗어나 노보시비르스크 등 중부 시베리아 및 남부 지역(로스토부)까지 관심을 확대해 러시아인 관광객 유치에 나섰다.

모스크바나 상트페테르부르크 등지의 해외여행 수요는 주로 유럽 쪽에 편중돼 있다. 이에 비해 극동 지역에서는 관광 상품 가격이 비교적 저렴한 동남아 지역과 괌·사이판 등 남태평양 도서 관광지, 호주·뉴질랜드를 찾는 수요가 꾸준히 늘고 있다.

이들 해당 지역은 현지 항공사와 여행사가 공동으로 신규 상품을 개발해 관련 마케팅을 적극적으로 진행하고 있다.

2007년 12월 말에는 극동의 블라다비아 항공사가 전세기(Ty204-300)를 취항해 139명의 관광객을 사이판에 송출하기도 했다. 이 사이판 전세기는 극동 러시아 이민국, 세관, 공항 관계자 등의 전폭적인 지원에 힘입어 블라다비아 항공사와 미국항공당국의 허가를 받아냈다는 후문이다.

블라다비아 항공사의 고위 관계자는 "블라다비아 항공기가 비록 전세기이지만 옛 소련 시절 적국이었던 미국의 연방법규가 적용되는 사이판에 처음으로 취항한 만큼 큰 의미가 있다"고 평가하기도 했다.

블라디보스토크 요새 박물관. 정오가 되면 대포를 발사한다.

떠오르는 방한시장 극동 러시아

한국을 찾는 러시아인은 한-러 수교 이후 초창기에는 주로 선원들이나 인터걸, 취업을 목적으로 입국하는 고려인 등이 주류를 이뤘다. 관광 그 자체만을 목적으로 방한하는 러시아인들이 꾸준히 증가한 것은 1990년대 후반부터다.

한국관광공사에 따르면 러시아 방한 입국 관광객 수는 2003년(16만 8,000여 명)을 정점으로 정체현상을 보이다 2004년(15만 6,000여 명), 2005년(14만 3,000여 명)에는 다소 감소한 후 2006년(14만 4,000여 명)부터 다시 소폭의 증가세를 보이고 있다.

극동 러시아의 경우 연간 관광시장 규모는 아웃바운드 기준으로 300만 명 정도로 추산된다. 극동 지역은 특히 러시아 연방정부의 극동 경제 개발 우선 정책에 따라 지역 소득이 차츰 높아지면

한국/러시아 관광객 현황

(단위 : 명)

구분	2003년	2004년	2005년	2006년	2007년
러시아 →한국	168,038	156,890 (-6.6%)	143,850 (-8.3%)	144,611 (+0.5%)	140,426
한국→ 러시아	42,982	52,942 (+23.1%)	55,096 (+4.1%)	64,804 (+17.6%)	71,000 (추정)

(자료 : 한국관광공사)

서 관광시장 규모가 빠르게 확대되고 있다.

극동 러시아인들의 해외여행 연평균 증가율은 2001~2005년 무려 27%에 달했다. 지리적 이유로 장거리인 유럽이나 미주 지역보다는 가까운 해외여행지를 많이 찾다 보니 방문국의 비율은 중국이 90% 이상을 차지하고 있다. 다음은 일본, 한국, 베트남, 태국 순이다.

2006년 한 해 동안 극동 러시아 지역에서 한국 방문을 위해 단기 비자를 발급한 건수는 약 3만 2,000건에 달한다. 한국관광공사는 러시아인 전체 방한객의 65%가 극동에서 발생한 입국객인 것으로 추정하고 있다.

한국관광공사에 따르면 2006년 기준 러시아 전체 방한시장의 규모는 14만 5,000명가량으로 방한 국가별 순위에서는 6위였다. 이들이 한 번 방문할 때마다 체재하는 기간은 1인당 25박인 것으로 나타나 전체 방한 관광객의 평균 체재기간인 6.2박에 비해 4배가 넘었다.

러시아의 전통 목각 인형 마뜨료쉬까를 구경하고 있는 관광객들.

무엇보다 이들 러시아인 관광객은 매우 높은 구매력을 보여 소비성향 면에서 주목을 끌고 있다. 한국관광공사의 '2006 외래 관광객 실태조사'에서는 러시아인 관광객의 1인당 지출경비가

1,439달러로 중동 지역 관광객(1,489달러) 다음으로 높았다. 전체 방한 관광객의 1인당 평균 지출경비는 1,194달러였다.

이 때문에 블라디보스토크를 비롯해 하바로프스크와 유즈노사할린스크 등 극동 러시아와 한국을 잇는 항공기는 성수기 평균 탑승률이 80%를 상회하는 황금노선으로 손꼽히고 있다. 대한항공과 아시아나항공 등 국적 항공사와 극동 러시아 지역 항공사의 주당 항공기 운항편수만도 22편에 이르고 있다.

한국관광공사 블라디보스토크 지사 정재선 전 지사장은 "러시아에서도 특히 극동 러시아 관광시장은 양보다는 질이 좋은 양질의 관광시장인 만큼 관광객 유치에 적극 나서야 한다"고 강조했다.

관광 활성화,
이것이 문제

　극동 지역의 러시아인들이 한국을 쉽게 방문하려면 몇 가지 문제점들이 해결돼야 한다.

　우선 중국이나 동남아 노선과 달리 극동 러시아와 한국을 잇는 항공료 및 선박운임이 지나치게 비싸다.〈표 참조〉

　극동의 주요 도시인 블라디보스토크와 서울 구간은 소요시간이 2시간에 불과하지만 항공 운임은 최소 620달러, 최대 850달러에 달한다. 이에 비해 이 노선과 운항 시간이 같은 블라디보스토크-베이징 구간 항공운임은 450달러 수준이다. 소요시간이 3시간인 하바로프스크-서울, 사할린-서울 노선도 항공운임이 다른 구간에 비해 상대적으로 비싸기는 마찬가지다.

　극동 러시아 지역민 입장에선 일단 항공운임만 놓고 보면 서울을 오가는 비용으로 동남아 휴양지인 태국 방콕이나 베트남 하노이를 여행하는 것이 저렴하다고 여길 수밖에 없는 실정이다.

게다가 성수기인 여름과 겨울 휴가시즌에 국적 항공사들이 한국을 거쳐 제3국으로 가는 항공티켓을 우선 판매하기 때문에 좌석 확보가 쉽지 않다는 점도 불만 사항의 하나다.

극동 지역 항공운임 현황

(2008년 1월 현재)

노선	소요시간	왕복항공료(최저/최고)
블라디보스토크–서울	2	620/850달러
하바로프스크–서울	3	500/630달러
사할린–서울	3	650/900달러
블라디보스토크–베이징	2	-/450달러
블라디보스토크–방콕	8	800/1,400달러
블라디보스토크–하노이	6.5	650/1,100달러

* 블라디보스토크–속초 간 선박운임 : 450~600달러　(자료 : 한국관광공사)

극동 러시아 관광시장을 겨냥한 중국 및 동남아의 저가 마케팅도 방한시장을 잠식하는 결과를 낳고 있다. 〈표 참조〉

상품내용에 따라 가격이 다양해 정확한 비교를 하기는 힘들지만 대표적인 관광 상품만을 놓고 평균가격만 따져봐도 중국이나 동남아 국가들의 저가 마케팅 공략에 국내 관광업계는 속수무책으로 당할 수밖에 없는 실정이다.

중국 베이징 관광 상품의 경우 항공료를 비롯해 기타 운임까지 포함해 3성급 호텔 숙박을 조건으로 하는 8일짜리의 가격이 620 달러이다. 반면 서울 관광 상품은 숙박등급이나 기간 등 조건이 거의 같은데도 가격은 1,100달러로 거의 2배에 가깝다.

8일간 3성급 호텔에 숙박하는 제주도 관광 상품은 1,700달러로 비싼 편이 아니다. 하지만 12일짜리 태국 파타야 여행 상품(1,200 달러)이나 16일짜리 베트남 하노이 여행 상품(1,500달러)과 비교 하면 경쟁력이 떨어질 수밖에 없다.

극동 러시아 관광객 대상 각국 관광 상품 비교

(2008년 1월 현재)

구분	기간	가격(미화달러)	숙박등급	비고
중국 (베이징/다롄)	8일	620 1,230	3성급 4성급	항공료, 기타 운임 포함
중국 (동북 3성 지역)	6일	400	4성급	운임 포함
태국(파타야)	12일	1,200 1,700	3성급 4성급	항공료 포함
베트남(하노이)	16일	1,500	4성급	항공료 포함
서울	8일	1,100	3성급	항공료 포함
서울/제주	8일	1,700	3성급	항공료 포함

(자료 : 한국관광공사)

극동 러시아 관광객들이 한국 관광을 위해 넘어야 할 산은 또 있다. 바로 비자 문제이다. 세계화 시대에 러시아인을 대상으로 한 방한 비자 발급 심의는 한층 강화되고 있다. 동남아 등지를 가기 위해 인천공항에서 환승을 할 때도 정작 본 목적지에서는 비자 요구를 하지 않지만 환승국인 우리나라에선 비자를 요구하고 있다.

러시아인에 대해 관광 목적의 무비자 입국을 허용하는 나라는 말레이시아, 태국, 중국(5인 이상 단체) 등이다. 사이판의 경우 입국허가증 발급을 아예 예약 호텔에서 일체 대행해주고 있다.

인도네시아, 베트남, 싱가포르 등은 관광 또는 환승 목적의 비자를 현지에서 발급해주는 시스템이다. 일본, 사이판 등지에서는 비자 발급 수수료도 면제해준다.

싱가포르나 베트남 등은 비자 발급 서류로 초청장과 여권, 사진, 신청서만 구비하면 된다. 우리나라는 이들 서류 외에 확인서와 체류 프로그램, 재직 및 월급 증명서 등을 요구하고 있다.

일본은 하바로프스크와 블라디보스토크, 사할린 등 극동 지역의 주요 거점별로 비자 발급이 가능하다. 이에 비해 우리나라는 총영사관이 있는 연해주 블라디보스토크에서만 비자 발급 업무를 해 방대한 극동 지역 곳곳에 흩어져 사는 러시아인들 입장에선 한국행 비자를 발급받는 일이 쉽지 않은 실정이다.

블라디보스토크의 '꺼지지 않는 불꽃'.
1917년 러시아 혁명 당시 희생자들을 추모하는 이 불꽃은 러시아의 주요 도시마다
'꺼지지 않고' 타오르고 있다. 그러나 블라디보스토크의 '꺼지지 않는 불꽃'은 늘 꺼져 있다.
러시아인들에게 이유를 물었더니 "가스가 없어서일 것"이라고 했다.

틈새시장을
개척하라

양질의 관광서비스 시장인 극동 러시아의 잠재적 고객들을 끌어들이기 위해서는 틈새시장 개척이 가장 확실한 해법이다.

현재 극동 러시아-한국 간 항공노선이 독점시장이기 때문에 당장의 항공료 조정은 어려울 것으로 보인다. 장기적인 관점에서 국가 간 항공협정 등을 통해 국적, 지역 항공사 간의 자유 경쟁을 촉발시켜 가격 하락을 유도하는 것이 방법일 수 있다.

단기적으로는 비수기 또는 요일별로 항공사들이 가격 차별화 정책을 확대하는 방법도 있다. 대한항공은 블라디보스토크-서울 간 노선에서 수·금요일에 한해 10% 할인제도를 부분적으로 시행해 호응을 얻었다.

당분간 항공료를 내리는 것이 어렵다면 한국을 방문하는 루트를 다양화할 수도 있을 것이다. 극동 러시아에서 기차 또는 버스를 이용해 중국을 경유하거나 선박을 이용해 일본을 거쳐 현지에서 국적 항공기를 연계한 후 우리나라에 들어오는 관광 상품을 개발하는 것이다.

아예 전세기나 선박 등을 활용해 국내 관광지인 제주도나 강원도 양양공항 등지로 직항 연결을 추진하는 방법도 있을 수 있다.

그러나 무엇보다 방한 상품의 차별화와 고부가가치화가 가장 확실한 경쟁력을 확보하는 방안이다. 중국이나 동남아의 저가 관광 상품과는 가격 면에선 경쟁이 힘들기 때문에 경쟁력 있는 프로그램으로 방한 여건을 조성하자는 것이다.

그동안 이런 시도들은 꾸준히 있어왔다. 극동 지역 청소년을 위한 교육 및 연수 상품, 스포츠·레저 상품, 의료관광 상품 등과 제3국인 동남아·사이판 등과 연계한 방한 상품 등이 예가 된다.

한국관광공사가 극동 지역의 신흥 부유층을 겨냥해 내놓은 이색 상품들도 호응을 얻고 있다.

2008년 여름에는 극동 러시아 지역 학생들을 대상으로 영어연수 상품을 개발해 6, 7, 8월 총 3회에 걸쳐 60여 명의 러시아 학생들이 우리나라를 다녀갔다. 이 프로그램은 극동 지역 신흥 부자들의 높은 교육열과 현지의 열악한 영어 학습 시장 상황에 착안한 관광 상품이었다. 실제로 블라디보스토크의 부유층들은 여름 방학이면 자녀들을 영국으로 영어연수를 보내곤 한다.

2008년 8월 제주도에선 러시아인 최초의 결혼식이 열리기도 했다. 극동 러시아 하바로프스크에 거주하는 러시아 신랑 나자렌코 데니스와 신부 포포로바 예카테리나는 8월 24일부터 31일까지 하객을 포함한 22명과 함께 제주도를 방문해 결혼식과 피로연을 치렀다.

극동 지역에서는 신흥 부유층을 중심으로 해외 결혼식 수요가 증가하면서 지리적으로 가까운 제주도가 극동 러시아인들의 새로운 신혼여행지로 주목받고 있다.

러시아인들이 좋아하는 온천, 해양 등 수변 관광 프로그램을 개발하는 것도 한 방법이다.

연구 및 교류 활동을 위해 거의 해마다 한 차례 이상 부산을 방문하는 극동국립대학의 한 러시아인 교수는 7, 8월 두 달에 불과한 부산의 짧은 해수욕장 개장기간이 가장 아쉽다고 했다. 그는 "일 년 중 절반가량을 추위 속에서 지내는 러시아인들에게는 부산의 겨울이 따뜻하기만 하다"며 "그런데도 부산의 바다는 개장기간이 아니라는 이유로 겨울철은 물론 5, 6월이나 9, 10월에도 수영을 즐길 수 없다는 게 이상하다"고 말했다.

비자 발급 개선은 무엇보다 시급한 현안이다.

러시아인들로부터 가장 큰 불만을 사고 있는 방한 비자의 발급 서류를 간소화해 국내 관광 프로그램이나 재직 및 월급 증명서를 신청서류에서 제외시키도록 해야 한다. 불법 체류가 문제라면 해당 여행사를 대상으로 벌금제 또는 일몰제(불법 체류자 수가 일정횟수를 넘어설 경우 여행사의 비자 발급 대행 업무 중지) 등을 도입해 시행하는 방법도 있다.

동남아나 중국 사이판 등을 목적지로 하고 왕복 항공권을 소지한 환승 러시아인 관광객을 대상으로 무비자 입국제도인 도착(환승)비자 확대 시행도 고려해볼 사항이다.

장기적인 안목에서 문화 교류를 활성화하는 방안도 있다.

극동 지역의 블라디보스토크는 모스크바나 상트페테르부르크 등과 비교하면 품격 있는 공연 문화를 접할 기회가 별로 없는 '문화의 불모지'다.

블라디보스토크 국제학교 홍정웅 대표는 "부산시와 블라디보스토크는 자매결연 도시이므로 우선 문화적 교류를 통해 거리를 좁혀나간다면 경제, 관광 등 교류 분야를 한층 확대할 수 있을 것"이라고 말했다.

홍 대표는 "도시 면적에 비해 공원이 턱없이 부족한 블라디보스토크에 부산시가 묘목 옮겨심기 등을 진행한 뒤 블라디보스토크 내 '부산의 거리'를 만드는 것도 한 방법"이라고 제안했다. 이렇게 해서 블라디보스토크 사람들에게 부산을 자연스럽게 각인시키자는 것이다.

이 밖에도 부산 시향의 블라디보스토크 순회공연 등 도시 간 문화 교류의 방법은 다양하다. 2008년 5월 23일 블라디보스토크 페스코(fesco) 홀에서 열린 한국 비보이 공연은 러시아 젊은이들에게 예상을 뛰어넘는 폭발적인 호응을 얻었다.

홍 대표는 "러시아인들은 외국의 전통 공연보다는 앙코르 무대에서 자기 나라 노래를 불러주는 것을 좋아하는 사람들인 점을 감안해 공연 등에서도 러시아에 맞는 접근 방식이 필요하다"고 말했다.

부상하는 의료관광시장

러시아 극동 지역에서 최근 가장 뜨고 있는 관광 상품은 '해외로 떠나는 의료관광' 이다.

극동 러시아는 블라디보스토크나 하바로프스크 등 대도시에서도 아직 '부자 환자' 들의 수요나 기대를 충족할 최신 의료기관이나 고급 의료서비스가 턱없이 부족한 실정이다. 그래서 인구 58만의 블라디보스토크에선 매달 80~100명의 '고급 환자' 들이 해외 원정치료를 떠나고 있는 것으로 알려져 있다.

한국관광공사 블라디보스토크 지사가 2008년 2~4월 블라디보스토크와 이르쿠츠크 지역에서 실시한 설문조사 결과 극동 러시아 지역의 해외 의료관광 선호도는 94.7%로 매우 높은 수준을 보였고, 한국으로 의료관광을 떠나겠다는 응답도 무려 80.3%에 달했다.

해외 의료관광이 매력적인 이유는 '건강검진과 함께 해외관광을 동시에 체험할 수 있는 일석이조의 기회가 주어지기 때문'

(54.8%)이었고 '러시아 현지에서 받기 어려운 질 높은 해외 건강검진 시설 및 진료 수준'(34.5%)도 극동 지역에서 해외 의료관광 수요를 높이는 요인으로 나타났다.

한국에서 받고 싶은 의료 진료는 종합건강검진(33.3%), 한방진료(32.5%), 치과진료(16.2%), 심장질환 및 내과진료(7.3%) 등의 순이었다.

한국으로 의료관광을 올 경우 어떤 관광 프로그램과 연계되기를 바라는가를 묻는 질문에는 전통적으로 사우나를 즐기는 러시아인들의 취향을 반영하듯 1순위가 '스파, 한국 찜질방, 온천관광 사우나 등과 연계'(41.8%)였다. 다음이 '문화재 답사 및 한국 문화체험(공연관람 등)'(32%), '한국 전통음식 및 웰빙 음식 체험'(26%) 순이었고 '가족 중심 여행 선호지인 에버랜드, 롯데월드와 같은 테마파크'(21.0%)도 빠지지 않았다.

한국 의료관광에 대해 부정적인 의견을 보인 경우는 '정보가 많지 않고'(7.3%), '가격이 비싸서'(4.4%) 등의 이유를 들었다.

한국관광공사 블라디보스토크 지사 정재선 전 지사장은 "극동 지역의 이 같은 의료관광 수요를 한국으로 유도하기 위해 현지 특성과 잘 융합된 고유의 의료관광 상품을 개발하고 활성화해야 한다"고 강조했다.

2008년 8월 블라디보스토크와 하바로프스크에서는 강남성모병원, 경희대의료원 등 국내 5개 병원이 참가하는 '한국 의료관광 설명회'가 열려 큰 호응을 얻기도 했다.

PART 4

에따 러시아
(Это россия)

러시아판 벼락 재벌 올리가르히

러시아 갑부 로만 아브라모비치는 2003년 7월 영국의 명문 축구 구단 '첼시'를 2억 3,300만 달러에 사들였다. 같은 해 12월 영국 이브닝 스탠다드 지는 아브라모비치를 '2003년 런던의 인물'로 선정하기도 했다.

그는 미국 대통령 전용기에 버금가는 보잉-767 전용기를 타고 모스크바와 런던을 오가며 좋아하는 축구 경기를 즐겼다. 아브라모비치는 2008년 전 세계를 휘청거리게 한 금융위기의 여파로 밀려 있던 거스 히딩크 러시아 축구대표팀 감독의 급여 500만 달러를 러시아 축구협회 대신 선뜻 지급하기도 했다.

'고아에서 억만장자가 된 사나이' 아브라모비치는 1966년 10월 24일 사라토프 시에서 태어났다. 한 살 반 때 모친과 사별하고 네 살 때 사고로 부친을 잃었다.

1980년대 중반 모스크바석유·가스대학에 입학했고 대학 졸업 후 1992년께부터 사업을 시작했다. 1992~1995년 '페트롤트란스' 등 5개 회사를 창설했다. 1995년 봄 옐친의 사위 소개로 유태계 올리가르히 보리스 베레조프스키를 알게 됐다. 아브라모비치는 베레조프스키의 친밀한 파트너로서 본격적인 올리가르히의 길로 들어서게 된다.

1995년 8월 대통령령에 따라 창설된 러시아 제6위의 석유회사 '시브네프티'의 민영화 과정에 참여하면서 자산의 기초를 구축했고 1996년 9월 '시브네프티'의 사장을 역임했다.

1999년 돌연 정계 진출을 선언한 아브라모비치는 같은 해 12월 추코트카 자치구에서 하원의원 선거에 출마해 당선됐다. 이듬해 12월엔 추코트카 자치구 지사 선거에서 90.6%를 득표해 당선됐다.

푸틴에 대한 비판을 멈추지 않았던 베레조프스키는 국외로 도주한 후 결국 망명길에 올랐다. 그러나 아브라모비치는 베레조프스키로부터 8,000만 달러에 양도받은 텔레비전 방송 ORT의 주식 (정부 소유 51%를 제외한 나머지의 절반 이상)을 통째로 정부에 이양하는 등 푸틴 정권의 환심을 사기 위해 노력했고 정권의 비호 속에 엄청난 부를 축적해왔다.

올리가르히는 옛 소련 체제 붕괴 이후 러시아가 시장경제화하는 과정에서 자원·금융·건설 등의 분야에서 떼돈을 번 '러시아판 벼락 재벌'을 일컫는 말이다.

러시아 올리가르히의 초호화판 생활은 상상을 초월한다. 그들의 통 큰 씀씀이와 화려한 사생활은 해외에서도 단연 화젯거리다.

2008년 3월 미국 포브스가 발표한 세계의 억만장자(재산 10억 달러 이상)는 1,125명. 이중 러시아 올리가르히 87명이 포함됐다. 러시아 억만장자의 수는 2008년 5월 포브스 러시아판 집계에서는 110명으로 늘어났다. 포브스는 러시아 100대 갑부들의 재산이 2,480억 달러로 2005년 기준 러시아 국내총생산(GDP)의 4분 1을 넘어섰다고 발표하기도 했다.

올리가르히는 1990년대 러시아가 시장경제로 전환하던 시기에 주식담보 대출 방식으로 알짜배기 국영기업을 헐값에 불하받아 급성장했다. 러시아 국내총생산의 절반가량을 차지하는 석유, 가스 등 에너지 산업과 철강, 알루미늄, 니켈 등 원자재 산업이 당시 그들의 손에 떨어졌다. 그들은 소련 해체라는 사회적 혼란 상황과 시장경제로 이행하는 시류에 편승해 보유재산을 급속히 늘려갔다.

이로 인해 러시아 사회의 빈부격차는 엄청나게 커졌다. 러시아 국민들은 이들 신흥재벌 집단과 금융자본이 옛 소련으로부터 물려받은 국가와 국민의 재산을 헐값에 부당 취득했다는 뿌리 깊은 비판 의식을 갖고 있다.

하지만 화려함의 대명사 올리가르히도 2008년 하반기 세계를 강타한 경제위기의 소용돌이는 피해갈 수 없었다. 이들 신흥재벌 대부분은 철강 석유 등 원자재 기업을 소유하고 있어 2008년 5월부터 시작된 국제 원자재 가격 하락, 8월 그루지야 전쟁, 9월 미국발 금융위기가 잇따라 닥치면서 소유 기업들의 시가 총액이 절반 이하로 폭락해버렸다.

블룸버그 통신은 2008년 5월 중순부터 약 5개월 동안 러시아 최고 부호 25인의 재산이 2,300억 달러나 줄었다고 전했다. 포브스 명단에 이름을 올린 올리가르히 중 상당수가 큰 타격을 입게 된 것이다. 러시아판 포브스 편집장 막심 카슈린스키는 "올리가르히의 절반이 2009년도 포브스 명단에서 사라질 것"이라고 전망하기도 했다.

올리가르히의 세력 약화는 러시아 최고실력자 푸틴 전 대통령의 위상에 어떤 영향을 주게 될까.

외신들은 러시아의 경제위기로 푸틴의 8년 치적이 한꺼번에 무너질 수도 있다고 지적하고 있다. 그러나 일부에서는 이번 위기가 또다시 정권을 잡으려는 푸틴에게 오히려 기회가 될 것이란 분석도 내놓고 있다. 구제금융을 통해 올리가르히를 길들이고 전략 산업에 대한 국가 통제를 한층 강화할 수 있는 절호의 기회이기도 하기 때문이다.

경제위기가 끝나면 국가 지분이 늘어날 것이고 푸틴과 가까운 측근 기업에 특혜를 주는 방향으로 자산 재분배가 이루어질 것이라는 전망도 나오고 있다.

러시아 언론들은 정부 청사 복도가 연일 기업인들의 행렬로 넘쳐나고 있다고 전하고 있다. 이들은 모두 구제금융을 받기 위해 고위 관료에게 줄을 대려는 사람들이다.

미국 월스트리트 저널은 최근 "구제금융을 신청한 기업들이 넘쳐나 전체 요청액이 1,000억 달러에 달한다"고 보도하기도 했다. 정부가 기업·은행 구제를 위해 배정한 500억 달러의 두 배나 되는 규모다. 기업들은 이 구제금융 분배 여부에 따라 생사가 결정될 수 있다.

노동자는 '일하는 척'
고용주는 '월급 주는 척'

'세계의 큰 손'으로 주목받아온 올리가르히와 달리 러시아 서민들의 생활은 넉넉하지 못하다. 10년 만에 다시 찾아온 경제위기로 러시아 서민들은 국민주 보드카마저 멀리해야 할 만큼 한층 쪼들리는 생활을 하고 있다.

러시아 주류협회는 2008년 11월 초 보드카 재고량이 2007년 같은 기간에 비해 6배나 많아졌다고 밝혔다. 주머니 사정이 나빠진 러시아 서민들이 술 살 돈마저 아끼기 때문에 재고가 계속 쌓이는 것이다.

블라디미르 푸틴 대통령이 통치한 지난 8년 동안 러시아인들의 전반적인 생활수준은 높아졌다. 그러나 러시아 경제를 일으킨 풍부한 자원은 서민들의 삶까지 풍요롭게 하진 못했다. 3,000만 명이 넘는 러시아의 연금수급자들 중 많은 이들은 빈곤을 벗어나지 못하고 있다. 이들의 매월 평균 연금은 3,000루블(2009년 2월 현재 한화 약 12만 6,000원)에 불과하다.

블라디보스토크 시내를 벗어나 다차(러시아인들의 주말농장 격인 소박한 별장)들이 줄지어 있는 교외로 들어서면 좁은 도로가에서 감자나 꿀 등을 팔고 있는 노인들을 흔히 볼 수 있다. 연금만으로는 생활이 어려워 다차에서 기른 야채 등을 내다 팔고 있는 것이다. 이 야채들은 블라디보스토크 시내의 슈퍼마켓이나 '뻬르바야레치까' 같은 시장의 식료품점에 비하면 값이 아주 싸다.

러시아 극동 지역 연해주 주정부 사회보장국 자료에 따르면 2007년 기준 연해주 주민 1인당 월 평균 소득은 1만 660루블(2007년 기준 한화 약 40만 원), 월 평균 소비지출은 7,358루블이고 2007년 11월 기준 연해주 근로자 월 평균 임금은 1만 4,347.1루블 수준이다.

러시아에서는 특히 교사나 교수, 경찰 등이 보수가 박한 대표적 직업군으로 손꼽힌다.

우리나라 초·중·고교에 해당하는 쉬꼴라 교사의 월급은 연차에 따라 다르지만 한 달 평균 200달러 수준, 대학교수는 250~300달러 수준에 불과하다. 급여가 이렇게 낮다 보니 뛰어난 인재들을 교육 현장으로 끌어들이기 쉽지 않다.

러시아는 의무교육을 원칙으로 한다. 그러나 최근 들어서는 비싼 학비를 받는 사립학교들이 차츰 늘어나고 있는 추세다. 이 사립학교들은 내국인과 외국인의 학비에 상당한 차이를 두고 있다.

블라디보스토크 연수 기간 중 첫 학기에 우리 아이들이 다녔던 학교는 블라디보스토크의 한 종합대학이 운영하는 영재학교였다. 이 학교의 국제학교 과정의 수업료는 학년별로 차이가 있지만 자녀 1명당 월 100만 원이 넘었다. 그러나 '국제학교'라는 타이틀이 무색할 만큼 영어를 유창하게 하는 교사가 많지 않았고 심지어 간단한 의사소통조차 힘든 교사들도 일부 있었다.

어느 날 러시아어 개인 수업을 해주던 극동국립대 교수에게 이 이야기를 하며 "어떻게 국제학교 교사가 영어를 못 할 수가 있느냐"고 푸념을 했더니 그는 무심한 표정으로 이렇게 대답했다. "영어를 잘한다면 쉬꼴라 교사 말고 월급이 훨씬 많은 다른 일을 찾았겠지."

그 역시 14년째 극동국립대학 루스까야 쉬꼴라에서 교편을 잡고 있지만 자녀 셋을 기르기에는 급여가 너무 적어 5년가량 작은 신문사 기자 생활을 병행하기도 했다.

러시아 교수들은 월급만으로는 생활이 어려워 투 잡스, 스리 잡스까지 하는 경우가 많다. 극동국립대학 한국학대학 학장이 "교수회의 한 번 하기 정말 어렵다"고 푸념할 정도다. 대학 내 행정업무를 보는 직원들의 월급 수준도 크게 다를 바 없다. 한국어를 유창하게 하는 극동국립대학 사무직 직원 월급도 월 300달러

체불에 항의하는 교사들의 동맹파업(2000년). 사진 가운데 선 교사가 들고 있는 피켓에는 "신이시여, 교사 역시 살기를 원합니다"라고 적혀 있다.

정도에 불과하다.

극동국립대학의 학생, 교직원 수는 4만 7천 명. 그 중 7천 명이 학생이고 나머지는 교·직원이다. 교·직원 수가 무려 4만 명이나 되는 것이다.

직원 수가 워낙 많다 보니 그들의 업무는 세분돼 있다. 러시아어를 배우는 외국인 학생들의 수업료나 시험 응시료를 수납하는 직원은 일주일에 한 번 수요일 오후 2시부터 4시까지만 수납 업무를 보기도 했다. 그래서 외국인 학생들은 국가 공인 러시아어 시험을 치르려면 이 시간을 놓치지 않으려 애써야만 했다.

우리나라 초·중·고교에 해당하는 러시아 쉬꼴라의 교사들은 주당 13시간을 초과하는 수업을 할 수 없다는 규정도 있다. 이 규정에 따르려면 당연히 많은 수의 교사가 필요하다. 학생 수가 55명가량인 블라디보스토크 국제학교는 교사가 30명이나 된다.

학교 시설물 청소 인력을 고용할 때도 하루에 '방 몇 개 이상은 청소할 수 없다'는 규정이 있고 '화장실 청소 담당은 부엌일은 할 수 없다'는 식이기 때문에 직원 수도 기하급수적으로 늘어날 수밖에 없는 실정이다.

유치원은 심지어 5년 이상 경력이 있는 소아과 의사가 상근해야 하고 입원실, 잠자는 방 등까지 갖춰야 운영할 수 있다는 규정도 있다.

블라디보스토크 국제학교 홍정웅 대표는 "이런 규정대로 간다면 러시아 학교의 발전은 요원하다"며 "러시아도 앞으로는 수익자 중심 교육 체제로 바뀔 수밖에 없을 것"이라고 말했다.

옛 소련 정권이 무너진 지 오래지만 러시아 근로자들에게는 아직도 사회주의 체제 때의 행태가 여전히 남아 있다.

그들의 근무 태도는 수동적이고 자신에게 주어진 업무 외에는 관심이 없다. '주어진 시간만 채우자'는 무사안일주의가 만연해 있어 금요일 오후가 되면 공항 검색대 직원들마저 모니터는 보지도 않고 다른 자리에서 잡담을 주고받기도 한다.

슈퍼마켓 계산대에서 계산을 해주는 점원들은 계산을 기다리는 사람들이 길게 늘어서 있는데도 교대해야 할 시간이 되면 "나는 여기까지만 계산해줄 수 있다"고 당당하게 말한다. 그가 정한 범위 안에 들지 못하는 사람들은 다른 줄로 옮겨 또다시 긴 시간을 기다려야 하지만 그건 줄 선 사람들의 사정일 뿐 점원이 헤아려야 할 일이 아닌 것이다.

'박봉의 대명사'로는 러시아 교통경찰을 빼놓을 수 없다. 그들은 외국인 운전자뿐만 아니라 현지인들에게도 두려움의 대상이다. '공식적인' 월급이 200달러 수준인 러시아 교통경찰들은 월급만으로는 생활할 수 없어 교통 단속으로 과외 수입을 올린다.

교통경찰들이 도로에서 어떻게 하는지에 대해서는 수많은 이야기들이 있다. 특히 외국인 운전자들은 자주 호출을 당하다 보니 블라디보스토크에 거주하는 상사 주재원들은 아예 러시아인

블라디보스토크의 겨울. 교통정리에 여념이 없는 러시아 교통경찰.

운전자를 고용하기도 한다.

러시아 교통경찰들은 **ДПС** (데뻬쎄 · **Дорожно Патрульн ой Службы** · 도로관리국)라는 약자가 적힌 노란조끼를 입고 있다. 단속으로 과외 수입을 얻는 그들의 행태 때문에 교민들은 이 '**ДПС**'를 '**Дайте (мне) пожалуйста сто**(100) **рублей** (또는 **сто**(100) **доллоров**)' 의 약자라고들 한다. 우리말로는 '나에게 100루블(때에 따라서는 100달러)을 주세요' 라는 뜻이다.

알파벳 약자 C에 맞추느라 '스또 루블레이' 인 '100루블' (2009년 2월 현재 한화 약 4,200 원)이 됐지만 보통 교민들은 교통경찰한테 걸리게 되면 1,000루블(약 4만 2,000원)가량은 줘야 한다.

러시아에서는 경찰이 도로에서 서라고 하면 도망가지 말고 멈추어야 한다. 외국인들은 도로에서 뿐만 아니라 집 밖으로 나가기 전 일단 여권과 비자, 거주등록증을 확실히 챙겨 나가야 한다. 경찰이 언제 어디서 이런 서류들을 확인하려들지 모르기 때문이다. 러시아 경찰과 부딪히지 않으려면 일단 꼬투리를 잡히지 않아야 한다.

그들의 사전에 '원스톱 서비스' 란 없다

극동 러시아에서 무언가를 얻겠다고 결심했다면 무엇보다 인내심을 길러야 한다. 우리 식의 '원스톱 서비스' 에 대한 기대도 일찌감치 접어야 한다.

러시아 연해주 지역 휴대전화 시장 점유율 1위인 KT의 자회사 NTC(러시아어로는 HTK)가 휴대전화를 개통하려는 고객들에게 '원스톱 서비스' 를 제공하려다 실패한 사례는 블라디보스토크에서는 유명한 일화다.

NTC는 고객 서비스를 업그레이드하는 차원에서 원스톱 서비스를 도입하려 했지만 한 가지 일만 해오던 러시아 현지 직원들이 '여러 가지의 일을 한꺼번에 해야 하는' 원스톱 서비스에 도저히 적응하지 못해 야심찬 계획을 접어야만 했다.

러시아의 관공서는 볼일을 봐야 하는 사람들의 입장에서는 '기다림' 의 또 다른 이름이다. 관공서에 가서 하루 종일 기다리는 건 예사고 어떤 때는 그렇게 기다린 것으로도 부족해 다른 날에 다시 와야 하는 경우도 비일비재하다.

주 블라디보스토크 총영사관의 영사 한 분은 영사 차량 관련 서류 만드는 데 1개월, 차 번호판 받는 데 또다시 1개월이 걸렸을 정도로 러시아 행정은 '속 터지는' 수준이다.

블라디보스토크 시청사 건물.

자동차 면허 담당 경찰은 일주일 중 화, 목, 금요일만 근무를 하기 때문에 그는 목요일 오전에 일찍 해당 부서를 찾아갔다. 다행히 3번째 도착해 업무가 빨리 끝날 듯했다. 그러나 오전 내내 기다렸지만 그의 순서는 오지 않았고 점심시간인 12시 전 앞의 2명의 업무가 간신히 끝이 났다. 점심시간이 끝난 오후 2시 다시 찾아갔더니 오전에 줄 선 건 무효라며 다시 줄을 서라고 해 결국 하루 종일 줄만 서다 돌아와야 했다.

이사를 하려 해도 굉장한 참을성이 필요하다.

블라디보스토크에 거주하는 한 교민은 살던 아파트의 월세가 해마다 크게 올라 더 이상 참을 수 없어 이사하기로 결심하고 현지 이사 관련업체에 연락을 했다.

부부는 처음부터 우리나라 포장 이사만한 서비스는 기대하지 않았기 때문에 옷 짐과 부엌 식기 등을 모두 직접 챙겨 운전기사와 함께 이사할 집에 미리 옮겨두었다. 남은 짐은 이미 분리해둔 침대 2개와 냉장고 하나, 책을 정리해 넣은 상자 20개가 다였다.

이사하는 날 아침, 이 짐을 운반하기 위해 러시아 인부 4명이 도착했다. 그들이 이 짐을 옮겨 싣는 데는 무려 4시간이 걸렸다. 냉장고는 분리해서 운반해야 했는데 그 일은 인부를 또 따로 불러야 한다고 해 냉장고를 분리할 일꾼이 도착해 분리 작업을 하는데 1시간 30분이 지나갔다. 냉장고 분리 작업을 한 일꾼들은 1시간 30분 일 하고는 2시간 임금을 받아가기조차 했다. 이렇게 해서 이 짐들을 옮기는 데 든 총 경비는 1만 루블(2009년 2월 현재 한화 약 42만 원).

귀중품이나 깨지기 쉬운 물품 등만 미리 챙겨두면 손 빠른 일 꾼들이 알아서 척척 해주는 우리나라 포장 이사 비용도 55만 원 ~60만 원이면 해결되는 걸 생각하면 여간 속상한 일이 아니었다.

우여곡절 끝에 이사를 한 후 옷장을 주문했다. 주문 후 10여 일 을 기다렸을 때 난데없이 "주문한 것과 같은 모델이 없으니 그냥 다른 걸 받도록 하라"는 연락이 왔다. 할 수 없이 다른 모델을 받 기로 한 날 운반 팀이 오더니 조립이 안 된 옷장을 놓고 갔다. 조 립 팀을 또 따로 불러야 했다. 다음날 조립하는 팀이 와서 옷장 조 립을 끝내고 나서야 그들 부부의 길고 긴 이사 여정은 마침내 끝 이 났다. 그의 아내는 "우리나라 60년대식 이사를 했다"며 긴 한 숨을 쉬었다.

러시아 대학은
'종합무역상사?'

블라디보스토크에는 극동국립대학, 블라디보스토크 국립경제
서비스대학, 극동국립수산기술대학교 등 10여 개의 종합대학이
있다. 인구 58만인 이 도시는 연해주 교육의 중심지이다.

하지만 교육 인프라는 아직 열악한 수준이다. 러시아 극동 지
역의 명문대학으로 손꼽히는 극동국립대학조차 아직 박사과정이
개설되지 않은 학과들이 있는데다 박사과정 논문을 쓰는데 필요
한 자료들은 모스크바에서 힘들게 구해 와야 하는 실정이다.

이 대학에서 박사 학위를 받은 한 교민은 박사과정을 하는 동
안 지도교수가 모스크바에 갈 때마다 따로 돈을 주고 자료를 부
탁해가면서 어렵게 박사 논문을 써야 했다.

블라디보스토크는 러시아어로 '동방을 정복하라' 는 의미다.

블라디보스토크 극동국립대학에 다니는 외국인 학생들이 생활하는 기숙사(사진 위)와 외국인들에게 러시아어를 가르치는 루스까야 쉬꼴라 건물(사진 아래).

그러나 러시아의 동쪽 끝에 위치한 블라디보스토크는 수도 모스크바에서 워낙 멀리 떨어져 있다 보니 출판문화의 혜택도 제때 받지 못하고 있는 실정이다.

학교 수업에 필요한 책들을 모스크바 등지에서 수급해 와야 하기 때문에 학생들은 개학 이후에도 책 없이 수업을 해야 하는 경우도 종종 있다.

극동대학 러한극동협력센터 직원인 율리아 수슬리바 씨는 "쉬꼴라와 대학에 다니는 동안 개학을 한 후에도 공부할 책이 없어 힘들었던 적이 많았다"고 했다. 모스크바에서는 이미 2년 전에 출판됐던 책들이 블라디보스토크에는 2년 후에야 새 책으로 선을 보이기도 한다.

우리 아이들이 다녔던 한 대학 부설 영재학교도 9월 3일에 개학을 했지만 모스크바에서 책이 도착하지 않아 아이들은 거의 2, 3주 동안 프린트물을 받아 수업을 했다. 그나마 있는 책들도 학생 수만큼 수량이 되지 않아 수업이 끝나면 다시 선생님이 거둬가는 식이었다.

극동국립대학이 러시아어를 배우는 외국인 학생들을 위해 개설한 루스까야 쉬꼴라 학생들도 수업에 필요한 책 5, 6권을 모두 도서관에서 대여해 공부를 한다. 학생 1명당 보증금 300루블을 도서관에 내고 수업에 필요한 책들을 빌려서 공부를 한 후 학기를 마치고 나면 책을 돌려주고 보증금을 돌려받는 것이다.

빌린 책이므로 학생들은 책에다 필기를 할 수가 없다. 이런 방식이 불편하면 책을 복사해야 하는데 이 복사본 역시 많이 만들어두고 파는 게 아니라 필요한 사람이 일일이 예약 주문을 하고 하루나 이틀 후 찾아가는 식이다. 복사본 가격도 1권당 한화 1만 원이 넘어 결코 싸지 않다.

책 출판권은 원 출판지에만 있고 그나마 책 만드는 속도가 느려 유통되기까지 엄청난 시간이 걸리다 보니 극동 지역 학생들은 21세기에도 이렇게 열악한 상황에서 공부를 하고 있는 것이다.

교수 월급이 워낙 적어 인재들이 교수가 되길 꺼리고 교육 환경마저 열악해 교육의 붕괴를 우려하는 목소리가 심심찮게 나오고 있지만 러시아 대학들은 수익 창출에만 골몰하고 있다는 비판도 일고 있다.

블라디보스토크의 대학들은 수익이 생기는 일이라면 거침없이 나서 대학이 아니라 '종합무역상사'라는 말이 나올 정도다.

블라디보스토크의 한 종합대학은 2005년 교수 아파트를 리모델링해 외국인 전용 아파트로 만든 뒤 비싼 월세를 받는 '집 장사'에 나섰다. 대학 캠퍼스 안에 위치한 이 아파트는 치안이 불안하고 집털이 도둑도 종종 있는 블라디보스토크에서 '외국인들을 위한 안전지대'로 유명세를 타면서 매달 아파트 2개동에서 천문학적인 금액의 월세를 받고 있다.

이 아파트에는 주로 블라디보스토크에서 근무하는 각국 영사들이나 상사 주재원 가족들이 거주한다. 우리 가족은 이곳에서

방 2개, 마루 겸 부엌, 화장실 겸 목욕탕이 있는 20평 남짓한 소형 아파트를 빌렸는데 한 달 월세가 무려 2,200달러나 됐다.

침대나 식탁, 냉장고, 세탁기, TV, 소파, 옷장, 책상 등이 갖춰지긴 했지만 품질이 썩 좋진 않은 것들이었다. 전압이 낮아 자주 전원이 차단되고 목욕탕 천장에서 물이 샐 때도 있었다.

가구의 수준은 아파트 크기와 월세 수준에 따라 달라지는데 월세가 4,000달러에 달하는 집도 있었다. 한 달 집세가 블라디보스토크의 웬만한 직장인 1년 치 연봉에 맞먹는 수준인 것이다.

이 아파트가 내세우는 장점은 경비가 24시간 교대 근무하며 외부인이 드나드는 것을 철저히 통제하고 주차 관리가 잘 된다는 점이다. 또 정전이나 단수가 일상적으로 되풀이되는 블라디보스토크의 다른 아파트들에 비해 자체 발전기 등을 갖추고 있어 정전·단수의 불편이 거의 없다는 점도 장점이다.

그렇지만 외관만 보자면 우리나라 시영아파트보다 못한 이 아파트의 월세가 주변의 다른 아파트 시세에 비해 배 이상, 많게는 2~3배가량이나 비싼 건 '안전비용'인 셈 치기에도 지나친 면이 있다.

이런 사정을 잘 모르는 러시아인들은 이 아파트를 '모든 게 갖춰진 호텔 같은 집'이라고 부러워하기도 했다.

아파트 월세는 입주자와 이 아파트 운영 회사 총지배인과 면담을 통해 정해지는데 1년 단위로 재계약을 할 때마다 가격이 차츰 높아지곤 했다. 아직 블라디보스토크 물정을 모르는 한국인 상사

러시아의 아파트들은 집 주인이 방과 거실 등을 취향에 따라 주문해
만들어 넣기 때문에 같은 동이라도 집집마다 내부 구조가 다르다.

주재원이 새로 입국을 하면 이전 거주민에게 월세 3,000달러를
받았던 아파트를 3,800달러에 내놓는 사례도 있었다(그들은 처음
계약 당시 월세는 주로 달러 단위로 한 후 계약 갱신을 하게 되면
월세를 올리면서 루블로 계산해줄 것을 요구하기도 했다).

매달 거액의 월세를 받아 챙기는데 신이 난 아파트 운영 회사는 급기야 계약 기간이 만료되지도 않은 거주자를 나가라고 하기에 이르렀다. 기존 거주자와는 사전 상의도 없이 더 높은 월세에 다른 계약자와 임대 계약을 했기 때문이다.

계약 기간이 2008년 9월 말에 만료되는 이 거주자는 2008년 5월 아파트 운영 회사가 기존 월세 3,200달러(당시 한화 약 320만원)보다 많은 월세 9만 루블(당시 한화 약 360만원)에 다른 계약자와 미리 계약을 하고 이사를 가라고 요구하는 황당한 일을 당했다.

회사 측은 계약서에 15일 전 통보를 하면 집을 비워줘야 하는 조항이 있다며 이사를 요구했다. 회사 측의 '막가파' 식 횡포를 더 이상 참을 수 없었던 그는 고려인 변호사를 선임해 회사를 상대로 한 소송 준비에 나섰다.

블라디보스토크 에서 살아남기

연해주의 주도이자 극동 지역의 경제 중심지 블라디보스토크는 외국인의 눈으로 보면 '3무(無)의 도시'다. 볼 것 없고 먹을 것 없고 놀만 한 거리도 없는 삭막하기만 한 도시이기 때문이다.

모스크바에서 연수를 한 후 블라디보스토크 지사로 발령받은 한 주재원은 "모스크바가 서울이라면 블라디보스토크는 해남"이라고 비유하기도 했다.

블라디보스토크는 소련연방이 해체된 이후 1992년 1월 개방되기 전까지 외국인뿐만 아니라 자국민들조차도 함부로 출입할 수 없는 군사상 보안지대였다. 극동국립대학 루스까야 쉬꼴라 율리아 바리사브나 교수의 어린 시절 기억에 남아 있는 블라디보스토크는 "바다가 아름다운 깨끗한 도시"였다. 그 깨끗하던 도시는 누구의 잘못 때문인지 이젠 삭막하고 어수선한 곳이 돼버렸다.

블라디보스토크 사람들은 대체로 무뚝뚝하고 불친절하다. 미국 샌프란시스코에서 영어 교사 생활을 하다 러시아를 경험해보기 위해 블라디보스토크로 혼자 언어 연수를 온 용감한 미국 할머니 샐리는 "가게 종업원들이 이렇게 불친절한 곳은 평생 처음"이라고 고개를 절레절레 흔들곤 했다. 그의 말대로 블라디보스토크 가게 종업원들은 말 붙이기가 힘들 만큼 쌀쌀맞다.

율리아 바리사브나 교수는 "소련 체제 붕괴 후 사회 혼란기에 식량이 부족해 식료품을 소유한 사람들이 막강한 힘을 가졌던 때가 있었는데 그때의 습관이 아직도 여전히 남아 있는 탓인 듯하다"고 말했다.

러시아 전체가 그렇듯 블라디보스토크 역시 빈부 격차가 극심하다. 부자들은 아르마니 양복을 망가지지 않게 잘 드라이클리닝해줄 세탁소를 찾지 못해 외국에 나갈 때 세탁을 맡기거나 몇 번 입고는 버리기조차 한다. 값비싼 이태리제 가구를 갖춘 고급 아파트 임대 사업을 하는 부유층도 있다. 그러나 하루하루 생계를 걱정해야 하는 서민들은 남의 자동차 범퍼까지 뜯어 팔기도 한다.

실제 블라디보스토크 거리에선 앞 범퍼가 뜯겨나간 채 운행하는 차들을 쉽게 볼 수 있다. 길거리에 주차해둔 자동차 옆을 지날 때 실수로 살짝 스치기만 해도 자동차들은 요란한 경보음을 울리

퇴근 시간의 교통 정체. 1997년 당시 사진이지만
블라디보스토크는 요즘도 퇴근 시간대면 교통 정체가 극심하다.

곤 한다. 그만큼 자동차 부품 도둑이 많기 때문이다. 한 우리나라 선교사는 몇 해 전 큰 맘 먹고 새 자동차를 구입해 집 앞에 세워뒀는데 다음날 아침에 나가보니 자동차 바퀴 네 개가 모두 없어져 버린 일도 있었다.

집을 터는 도둑들도 종종 있다. 서민 아파트에선 현관 앞에 신발을 벗어두면 신발을 훔쳐 가버리기도 해 신발을 집 안에 넣어두곤 한다.

블라디보스토크에서도 버스는 '서민들의 발'이다. 하지만 소매치기가 많아 버스를 탈 땐 늘 긴장해야 한다. 소매치기들은 "어느 나라에서 왔느냐"는 둥 이런 저런 질문을 던져 대답하는데 정신을 판 사이 외국인의 소지품을 훔쳐가기도 하고 2인 1조로 한 명이 내리려는 승객의 앞을 가로 막은 사이 나머지 한 명이 주머니를 털기도 한다.

한 번은 극동국립대학 동양학부 내에 있는 블라디보스토크 한국교육원에 볼일이 있어 갔다가 원장님이 "어학학습용 녹음기가 필요하지 않냐"며 가지고 가라고 한 적이 있었다. 녹음기를 가지고 동양학부 수위실 앞을 지나는데 경비가 나와 다짜고짜 증명서류를 보자고 했다. 도대체 뭘 증명하라는 건지 알 수 없어 한국교육원에 전화를 했더니 직원이 서류 한 장을 들고 부랴부랴 달려왔다. '한국교육원이 녹음기를 가져가도록 허락한다'는 내용이 담긴 서류였다.

대학 내 도난 사고를 막기 위해 들어갈 때 소지하지 않은 물건을 가지고 나오게 되면 확인 서류를 경비실에 제출해야 하는 것이었다. 작은 선물까지 '증명' 해야 하는 현실에 가슴이 서늘해졌다.

━ 집 구하기

러시아 극동 지역이 세계적인 기업들의 주목을 받으면서 연해주의 주도 블라디보스토크는 한동안 아파트 가격이 지속적으로 뛰어올랐다. 집값이 오르자 아파트 월세도 덩달아 높아졌다. 아파트가 '비즈니스' 가 되면서 부동산 중개업소가 우후죽순처럼 생겨났고 부동산 중개료도 치솟았다.

집을 구하려면 우선 신문이나 인터넷을 통해 위치, 가격대, 방수 등을 확인할 수 있다. 부동산 중개업자를 통해 아파트 월세 등을 얻을 때는 제대로 된 사무실을 갖춘 규모가 큰 중개업소에서 소개를 받아야 안전하다. 부동산 중개업자한테 사기를 당하는 경우도 간혹 있기 때문이다.

월세 아파트를 얻는 경우 세입자가 외국인이면 현지 거주자들보다 더 많은 임대료를 요구하기도 한다. 임대료가 비쌀수록 아파트 중개료 부담도 커진다.

평소 알고 지내던 한 중국인은 2003년 월세 아파트를 구할 때한 달 치 월세의 20%를 부동산 중개비로 냈다고 하고 극동대학의

우리 가족이 살았던 아파트에서 창문을 열면 보이던 블라디보스토크의 다른 아파트들.

한 교수는 2005년 월세의 60%를 중개비로 주고 아파트를 구했다고 했다. 2007년 말 우리 가족이 살던 아파트 월세가 너무 비싸 다른 임대 아파트를 알아볼 때는 부동산 중개료가 월세의 65~80%선으로 올라 있었다.

집을 구할 때 부동산 중개업체 없이 아는 사람끼리 계약을 할 수 있으면 좋겠지만 이런 경우는 흔치 않다.

집을 하나씩 보러 갈 때마다 중개업자에게 돈을 줘야 하는 곳도 있다. 어떤 중개업자는 소개한 아파트를 둘러본 뒤 아쉬운 점 몇 가지를 얘기하고 다른 곳을 더 보고 결정하겠다고 했더니 화를 내고 가버리기도 했다.

엘리베이터 안이나 복도가 어두운 블라디보스토크의 여느 아파트와 달리 복도가 환하고 아파트 내부 구조도 그런대로 괜찮은 곳이 있긴 했다. 월세수준이 합리적인데다 집 주인도 친절한 곳이었다. 그러나 아파트 위치가 문제였다. 그 집은 당시 아이들이 다니던 학교에서 너무 멀고 차량 정체가 심한 지역을 지나다녀야 해 결국 포기했다.

아파트 임대 계약을 하기 전에는 제시한 조건들을 들어주겠다고 했다가 막상 계약을 하러 갔더니 그렇게 할 수 없다고 말을 바꾸는 주인도 있었다.

우리는 여러 아파트를 둘러본 끝에 학교와 시장이 가깝고 시설이 괜찮은 한 아파트를 계약하기로 결정했다. 그러나 막상 계약을 하러 갔더니 부동산 중개업자와 집 주인은 우리가 집 계약 조건으로 내걸었던 4가지 조건 중 우리나라 방송을 볼 수 있는 위성 TV 안테나를 달아줄 수 없다고 말을 바꿨다.

그들은 우리가 지금 살고 있는 아파트를 이미 해약하고 왔을 것이라고 생각하고 더 이상 선택의 여지가 없을 거라고 여겨 추가 비용이 드는 위성 TV 안테나를 달아주지 않겠다고 버틴 것이었다.

위성 TV 안테나 설치비용은 대략 500달러 정도 됐다. 이렇게 말을 쉽게 바꾸는 사람들이라면 그 집에 살면서 생기는 갖가지

문제들을 해결하는 것도 쉽지 않을 듯했다. 게다가 그들은 예의
도 없었다.

결국 우리는 살던 아파트에 그대로 살기로 결정했다. 이사를
하기 위해 부지런히 발품을 팔았던 한 달 간의 노력은 보람 없이
끝이 났다. 하지만 블라디보스토크에서 살려면 좀 더 단단히 정
신을 차려야 한다는 교훈은 얻은 듯했다.

계약서 문화가 보편화된 러시아는 아파트 월세 계약을 할 때도
부동산업체가 계약서를 작성해온다. 계약서는 '집을 해약할 경우
에는 3주 전(경우에 따라서는 1개월 전)까지 알려줘야 한다' '월
세 계산은 달러(혹은 루블)로 한다' 는 등 갖가지 내용을 담아 작
성된다.

계약을 제대로 하려면 이 계약서 내용을 변호사한테 보인 후
문제가 없을 경우 사인을 하면 된다. 집을 사는 것도 아니고 월세
계약에 무슨 변호사까지 필요할까 싶지만 러시아인들은 문서를
남기고 공증받는 게 생활화돼 있다. 아이들 비자 연장 신청에 필
요한 서류(우리나라 주민등록등본)도 러시아어로 번역해 변호사
공증을 받아야만 했다.

세계 금융위기가 러시아 실물경제에도 영향을 미치면서 최근
러시아 부동산 시장도 변화하고 있다. 러시아 은행들이 자금난을
겪으면서 신규 부동산 담보대출을 꺼려 부동산 시장이 눈에 띄게
침체되고 있기 때문이다.

극동담보센터에 따르면 연해주 부동산 시세는 2008년 여름 이

후 15~20%가량 하락했다.

블라디보스토크 코리아비즈니스센터는 부동산업체 엑스페르트의 말을 인용해 "공급자 중심의 연해주 부동산 시장이 수요자 중심으로 크게 바뀌고 있다"고 전했다. 이전에는 아파트 소유자가 가격 결정을 주도했지만 이제는 아파트 구매자가 가격 결정을 주도하는 구조로 바뀌고 있다는 것이다.

▬ 녹음 우거진 숲에 들어갈 수 없는 이유

6개월가량 되는 긴 겨울이 지나고 나면 극동 러시아에도 봄이 온다. 5월이면 도시 곳곳은 푸른빛으로 빛난다. 하지만 녹음이 우거진 아름다운 숲은 러시아인들에게는 '그림의 떡'이다. 겨우내 낙엽 밑에 숨어 있다가 날씨가 따뜻해지면 나무 위로 올라가는 '클레시'라는 곤충이 있기 때문이다.

나무에서 툭툭 떨어지곤 하는 클레시는 마취 기능이 있는 침을 가지고 있어 사람 몸 속으로 파고들어도 아픔을 느끼지 못하게 한다. 콩알 정도 크기의 이 곤충은 사람 몸에 머리를 박고 피를 빠는데 이 과정에서 전염이 될 수 있다.

모든 클레시가 위험한 건 아니다. 주 블라디보스토크 총영사관에 따르면 통계적으로 100마리 중 1마리가 뇌염바이러스를 보유하고 있고 10마리 중 1마리는 나선균을 전염시킨다고 한다. 그러나 그냥 봐서 위험 균 보유 여부를 판단하긴 어렵다.

뇌염바이러스를 보유한 클레시는 뇌염질환을 일으키고 나선균 보유 클레시는 라임병(Lyme disease)을 유발한다. 클레시에 의한 전염은 한동안 뇌염바이러스 발생 사례가 가장 많았지만 최근 몇 년 사이 라임병 환자가 뇌염바이러스 환자 수를 넘어서고 있는 추세다.

클레시에 물렸다면 바로 병원으로 가야 하고 클레시의 독성 보유여부 분석도 의뢰해야 한다. 급하게 떼어내면 클레시의 머리 부분은 몸에 남아 있고 몸통만 떨어지기도 해 조심해야 한다. 뇌염클레시가 사람 머리 부분을 공격하게 되면 며칠 내 생명을 잃거나 불구가 될 수도 있다고 한다.

연해주 보건당국에 따르면, 2007년 한 해 블라디보스토크에서는 1,000건 이상의 클레시 감염이 신고됐고, 예년보다 일찍 추위가 풀리면서 2008년 3~4월 중 이미 10건이 신고됐다. 미신고 건수까지 포함한다면 연해주 내에서 해마다 클레시에 물리는 건수는 5,000건을 넘어설 것으로 추정되고 있다. 통계상 클레시는 여성보다 남성들을 더 자주 공격하는 것으로 알려져 있기도 하다.

러시아인들은 클레시의 피해를 막기 위해 클레시가 나무로 올라가기 전 낙엽을 태워버리거나 나무 위로 올라가지 못하도록 흰색 약을 칠하기도 한다. 공원이나 수풀 지역에 살충제를 살포하는 경우도 있다.

나무가 울창한 숲. 추위가 풀리기 시작하면
클레시가 나무 위로 올라가지 못하도록 흰색 약을 칠하곤 한다.

숲에 들어가야 할 때는 목 주변, 소매 주변, 허리 등에 예방약을 미리 뿌리고 클레시가 눈에 잘 띄도록 흰색 옷을 입고 모자를 쓰는 것이 좋다.

예방접종을 하는 방법도 있다. 하지만 지금까지 라임병에 효과적인 백신은 개발되지 않았기 때문에 이 방법은 뇌염클레시일 때만 효과가 있다.

무엇보다 가장 좋은 예방책은 날씨가 따뜻해지면 숲 속이나 나무가 많은 공원을 산책하지 않는 것이다. 숲에서 꽃을 꺾어 집으로 가져와서도 안 된다. 식물 속에 클레시가 숨어 있을 수 있기 때문이다.

— 스킨헤드

블라디보스토크는 치안 상태가 좋지 못하다. 그래서 어두워진 이후엔 가급적 거리를 활보하지 않아야 한다. 다행히도 그동안 블라디보스토크에선 모스크바나 상트페테르부르크에서 종종 발생하는 스킨헤드 집단에 의한 교민 피해는 거의 없었다.

그러나 최근 블라디보스토크 시내에서 우리 교민과 유학생들이 강도 피해를 입거나 이유 없이 집단폭행을 당하는 사건이 발생해 교민 사회가 긴장하고 있다.

사건은 2008년 11월 15일과 16일 연달아 일어났다. 특히 일요일 오후 5시께 주 블라디보스토크 총영사관과 연해주경찰청 사이에서 일어난 폭행 사건의 범인들은 군복무늬 바지에 군화를 신은 10대에서 20대 초반의 청년들이었다. 블라디보스토크 총영사관은 인종 증오 범죄 집단인 스킨헤드 모방 그룹에 의한 사건인 것으로 보고 현지 경찰당국에 철저한 수사와 예방순찰을 요청했다.

연해주경찰당국의 공식 입장은 현재 연해주 내에 조직화된 스킨헤드는 없다는 것이다. 그러나 경제위기로 러시아 청년층의 실업률이 높아지면서 극동 지역에서도 스킨헤드들이 동양인을 공격할 우려가 커지고 있는 실정이다.

2009년 1월 모스크바에선 언어 연수 중이던 한국인 여대생이 인화성 물질을 이용한 화상 테러를 당하는 등 스킨헤드들의 인종범죄가 늘고 있다.

러시아 스킨헤드들은 4월 20일 히틀러 생일과 4월 30일 히틀러 사망일, 5월 9일 전승기념일을 전후해 주로 활동해왔다. 또 여성이나 어린이들은 공격하지 않는 것으로 알려져왔다. 하지만 이제는 남녀 구분 없이, 때와 장소도 가리지 않고 인종범죄가 일어나고 있어 교민 사회를 불안하게 하고 있다.

러시아에서는 1991년 소비에트 연방 붕괴와 함께 경제 상황이 악화되면서 젊은이들의 욕구불만이 커졌고 국수주의자와 네오나치주의 단체들이 우후죽순처럼 생겨나기 시작했다.

최근 들어 이처럼 외국인 폭행 범죄가 잇따르는 것도 러시아 경제가 크게 타격을 입고 있기 때문인 것으로 분석되고 있다. 경제위기로 실업자가 급증하면서 스킨헤드들은 이민 노동자들이 자신들의 일자리를 뺏었다고 생각하기 때문이라는 것이다.

블라디보스토크의 가을은 짧다.

단풍이 들어 울긋불긋한 산들이 아름답다고 느낀 것도 한 달 남짓, 2007년엔 10월 중순에 이미 첫 눈이 왔다. 금요일 저녁부터 내리기 시작한 눈은 다음날까지 그쳤다 내렸다를 반복하며 수북이 쌓였다.

블라디보스토크 사람들은 지구 온난화 현상 때문인지 몇 해 전부터는 겨울이 예전만큼 춥지 않다고들 했다. 극동국립대학 러한극동협력센터 율리아 수슬리바 씨는 "최근 몇 년 동안 12월까지도 크게 춥지 않아 겨울 같지 않았을 정도"라고 말했다.

그러나 러시아인들이 '날씨가 미쳤다'고 할 만큼 따뜻하다고 생각하는 그 겨울도 우리는 견디기가 힘들었다. 시베리아에 비하면 분명 블라디보스토크는 '따뜻한' 지역이지만 1월이 되자 만만찮은 추위가 몰려왔다.

2008년 1월 중 가장 추웠던 날은 토요일이었는데 최저 기온이 영하 26도였다. 저녁 무렵 잠깐 아파트 마당에 줄넘기를 하러 나갔던 작은 아이는 "너무 추워서 얼굴이 떨어질 뻔했다"고 했다. 아이 말대로 '얼굴이 떨어질 것 같은' 추위는 거의 1월 내내 계속됐다.

어느덧 영하 20도 정도는 일상으로 여기게 되면서 가끔씩 위성방송으로 우리나라 일기예보를 보다가 '맹추위'라는 말을 들으면 피식 웃음이 나기도 했다.

블라디보스토크는 기온보다는 바람이 중요하다고들 한다. 바람이 심하면 체감온도가 더욱 크게 떨어지기 때문에 일기예보에서 바람의 정도를 늘 확인해야 한다.

블라디보스토크 사람들은 1월 중순의 심한 추위를 '크레쉔스끼에 마로즈이(주현절 추위)' 라고 하고 1월 말 이후에 오는 또 한 번의 심한 추위는 '기따이스끼에 마로즈이(중국 추위)' 라고들 한다. 흔히 이 두 추위 사이에는 추위가 좀 누그러지는 기간이 있는데 2008년에는 여느 해와 달리 그 기간이 거의 없었다.

'크레쉔스끼에 마로즈이' 는 1월 19일 '크레쉐니에(주현절)' 가 있는 주에 오는 혹독한 추위를 말한다. 러시아 우크라이나 정교회의 크리스마스인 1월 7일 이후 12일째 되는 날인 주현절은 종교적인 경축일이지만 러시아 전체에서도 중요하게 손꼽히는 경축일이다.

러시아인들은 물이 건강을 주고 죄를 씻어준다 믿기 때문에 이 날 깨끗한 물을 많이 마시고 반냐(사우나)에도 간다. 해마다 주현절 전날 밤 블라디보스토크 스뽀르찌브나야 해변에서는 바닷물에 뛰어드는 행사가 열린다. 바깥에 10분 이상 서 있기도 힘든 추운 날씨에 꽁꽁 언 바다에 들어간다는 건 생각만 해도 무서운 일이다.

하지만 극동국립대학 루스까야 쉬꼴라 율리아 바리사브나 교수는 "이 행사에 한번이라도 참가했던 사람들은 '몸이 가벼워지는 경험'을 잊지 못해 해마다 계속 참석하게 된다"고 했다.

학창시절 '부동항'이라고 배웠던 블라디보스토크의 바다는 본격적인 겨울이 시작되면서 꽁꽁 얼어붙었다. 러시아인들은 이 얼어붙은 바다에 구멍을 내고 낚시를 하곤 한다. 휴일이면 아이들은 얼어붙은 하천이나 바다에서 스케이트를 타고 결혼식을 마친 신부는 추위에도 아랑곳없이(혹은 '추워 죽겠지만 꾹 참고') 웨딩드레스만 입고 야외에서 기념사진을 찍기도 한다.

눈은 한 번 오면 대부분 아주 많이 오는데 추운 날씨 때문에 눈이 녹지 않아 블라디보스토크의 겨울은 내내 하얗다. 겨울 동안엔 흰 눈에 가려 삭막한 도시가 운치 있어 보이기도 했다. 쌓인 눈 위에 또 눈이 오고 그렇게 겨우내 쌓여 있던 눈은 4월 말쯤 돼야 녹는다. 가을은 겨우 한 달 남짓했는데 겨울은 거의 1년의 절반인 셈이다.

아이들을 학교에 데려다주고 극동대학으로 가는 겨울 아침 등굣길에선 러시아인들도 아침 출근을 서두른다. 차가 없는 사람들은 머리부터 발끝까지 두툼한 옷과 모자로 중무장한 채 버스정류장에서 버스를 기다린다. 차 없이 러시아에서 겨울나기란 쉽지 않은 일이다.

바람이 심한 날이면 점심시간에 수업하던 건물에서 다른 건물에 있는 식당까지 가는 것도 힘들 때가 있다. 밖은 이렇게 춥지만 일단 실내에 들어서기만 하면 가벼운 옷차림으로 지낼 수 있다.

한겨울의 블라디보스토크 스쁘르지브나야 해변.
겨울 내내 꽁꽁 얼어 있는 바다 위에서 사람들은 얼음을 깨고 낚시를 한다.

공연장이나 행사장, 큰 식당 등에는 입구에 겉옷을 맡기는 곳이 있다.

늘 차로 이동할 수 있고 거리를 돌아다닐 일이 없다면 블라디보스토크에서도 우리나라 겨울 차림 정도로 충분히 겨울을 날 수 있다. 실내는 아주 따뜻하기 때문에 반팔 차림으로 지내는 사람들도 종종 있다.

━━ 블라디보스토크에서 시베리아 가기

러시아인들은 노는 걸 참 좋아한다. 금요일 오후가 되면 블라디보스토크는 교외로 나가는 긴 자동차 행렬 때문에 평소에도 정체가 심한 도로가 아예 주차장처럼 변한다.

러시아인들은 경축일이 토요일이나 일요일일 경우엔 다음 월요일에 쉰다. 또 목요일이 경축일이라면 징검다리 휴일인 금요일도 연달아 쉬어버리고 대신 그 다음주 토요일에 일을 하기도 한다.

노동절이 낀 2008년 5월 첫 주엔 이렇게 해서 4일간의 휴일이 생겼다. 우리 가족은 블라디보스토크에 온지 8개월 만에 처음으로 6일간의 긴 여행을 계획했다. 우리는 시베리아 이르쿠츠크 인근의 바이칼 호수를 보러 가기로 했다.

여행은 늘 기대와 설렘을 갖게 하지만 이 가족 여행은 '비장

한’ 마음으로 시작했다. 친절과는 거리가 먼 땅에서 시베리아횡
단열차를 74시간이나 타고 가야 하는 쉽지 않은 여정이었기 때문
이었다.

우리는 결전에 나서는 사람들처럼 마음의 각오를 하고 블라디
보스토크 기차역에서 4월 28일 밤 11시 59분(모스크바 시간 오후
4시 59분)발 시베리아횡단열차를 탔다.

러시아는 워낙 국토가 넓은 나라여서 시간대가 11개나 되다 보
니 기차 시간은 어느 도시에서든지 모스크바 시간을 기준으로 하
고 비행기 시간은 출발 도시 시간대를 기준으로 한다.

그냥 바이칼 여행이 목적이었다면 왕복 비행기를 이용하는 것
이 시간과 힘을 아끼는 방법이었지만 시베리아횡단열차는 꼭 타
봐야 할 것 같았다.

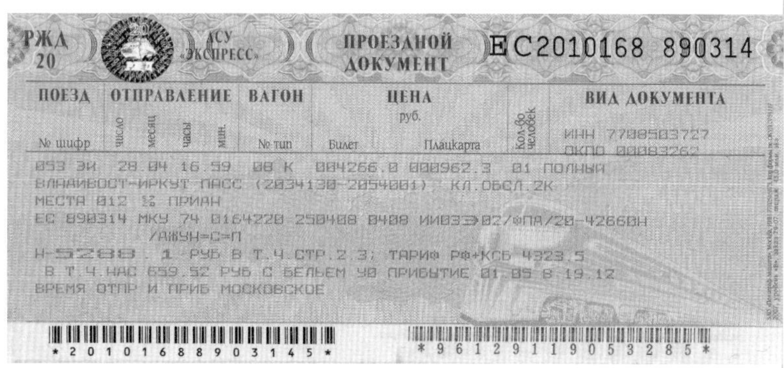

시베리아횡단열차 티켓.
열차번호, 출발 일자와 시간, 좌석번호, 기차 운임 등이 표시돼 있고
맨 아랫줄엔 “출발 및 도착 시간은 모스크바 시간 기준” 이라고 쓰여 있다.

침대 4개가 2층으로 있는 4인실 쿠페(2등 객차)의 문을 여는 순간 한숨이 났다. 작은 아이가 "나는 사흘이나 기차를 타야 하니까 지루해서 죽을 줄 알았더니 너무 비좁아서 답답해서 죽는 게 아닐까"라고 했을 만큼 객실은 비좁았다.

그러나 꽉 찬 승객들 때문에 공기까지 텁텁해 숨이 막히는 6인실 플라츠카르타(3등 객차)를 둘러보고 나니 그나마 4인실이 쾌적하다는 걸 알게 됐다.

편한 트레이닝복, 슬리퍼, 기차에서 먹을 수 있는 음식 등은 시베리아횡단열차를 타는 승객들이 미리 준비해야 할 필수품이다. 여러 날을 기차 안에서 생활해야 하다 보니 편한 옷이나 슬리퍼가 필요하고 기차 안에 있는 식당은 비싸고, 짐을 다 두고 온 가족이 식사하러 가기도 불편하기 때문이다.

차창 밖으로 비료자(자작나무) 숲이 한없이 이어지고 크고 작은 러시아 마을들이 끝도 없이 나타났다 사라졌다.

시베리아횡단열차는 왠지 우리나라 완행열차 같았다. 온갖 크고 작은 역에 다 정차하는데 작은 역에선 1~5분가량 서고 하바로프스크, 치타, 울란우데, 이르쿠츠크처럼 규모가 있는 도시에서는 20~50분까지 정차했다. 객차 복도에 붙어 있는 기차 시간표(이것도 모스크바 시간 기준)를 꼼꼼히 봐두었다가 20분 이상 서는 역에 내려 바깥 구경도 하고 노점상이나 키오스크에서 물이나 맥주 같은 걸 사오면 된다. 정차하는 기차 주변에는 할머니들이 삶은 계란이나 빵, 도넛 같은 것들을 가지고 나와 팔기도 했다.

기차가 시베리아 지역을 통과하면서 차창 밖의 풍경은 4월 말인데도 겨울처럼 바뀌었다. 덜렁거리는 객차의 나무틀 창문 사이로도 차가운 바람이 스며들었다. 밤에는 이 바람이 객차 안으로 더 세게 불어닥쳐 오들오들 떨어야 했다. 이르쿠츠크가 가까워지면서 보이기 시작한 바이칼 호수는 여전히 얼어 있었고 일부 구간에선 얼음낚시를 하는 사람들도 있었다.

기차에서 3일 버티기에 가장 큰 걸림돌은 샤워를 할 수 없다는 것이었다. 화장실에 있는 작은 수도꼭지는 수도꼭지에 붙어 있는 작은 돌기 같은 걸 아래에서 위로 힘껏 눌러야 물이 나오는 희한한 시스템이기 때문에 세수만 한 번 하려고 해도 손에 쥐가 날 것 같았다.

객차에는 2명의 여차장이 교대 근무를 하는데 무엇보다 이 차장들과 잘 사귀어 둬야 한다. 둘 중 더 착해 보이는 차장한테 몇 번 부탁한 끝에 우리 가족은 객차 안에서 차장들이 샤워를 하는 시설에서 차례로 간단하게 샤워를 할 수 있었다.

스킨헤드처럼 머리를 빡빡 깎은 채 몰려다니던 청년들이 자꾸만 쿠페 객차 복도를 왔다 갔다 하는 것도 여간 신경 쓰이는 일이 아니었다. 그들은 우리 가족이 있는 객실 문을 열어보기도 하고 객차 복도를 막고 서서 지나가지도 못하게 했다. 팔에 문신을 하고 낮에도 술 냄새를 심하게 풍기며 왔다 갔다 하는 그들은 존재만으로도 왠지 위협이 됐다.

이렇게 계속 집적대다가 우리가 내려야 하는 이르쿠츠크 역은 42분이나 정차하는 역이니 따라 내려서 성가시게 하면 어쩌나 내심 걱정도 됐지만 별일 없이 이르쿠츠크 역에 도착했다.

이르쿠츠크에 도착한 시간은 5월 2일 0시 12분(이르쿠츠크 시간). 블라디보스토크에서 예약해둔 민박집에서 마중을 나오기로 했지만 아무리 기다려도 우리를 찾는 사람은 없었다.

늦은 밤 시간 황량한 기차역엔 노숙자처럼 보이는 술 취한 러시아인들 몇몇이 왔다 갔다 했고 아이들은 불안해했다. 블라디보스토크에서 로밍해온 핸드폰은 어떻게 된 일인지 작동되지 않았다. 할 수 없이 대여섯 군데의 키오스크를 뒤지며 전화카드를 사러 다녔지만 러시아에서도 이미 핸드폰이 일반화돼 공중전화카드를 파는 곳이 없었다.

우여곡절 끝에 기차역 밖에서 잡지를 파는 키오스크의 러시아 아주머니한테 자초지종을 설명한 뒤 핸드폰을 빌려 어렵사리 우리를 마중 나올 사람과 통화가 됐다. 중간에서 이야기를 전한 사람이 말을 잘못 전해 그는 엉뚱하게 공항에 나가 있었다. 그날따라 공교롭게도 밤 0시 무렵에 블라디보스토크에서 도착한 비행기가 있어서 그 사람은 아무 의심 없이 공항에서 우리를 기다리고 있었던 것이다.

밤거리가 위험한 러시아에서 그것도 난생 처음 간 도시 기차역에서 잊지 못할 경험을 한 셈이다. 핸드폰을 빌려준 그 고마운 러시아 아주머니는 남편이 카자흐스탄 출신이고 한국인 친구(고려

해질 무렵의 리스뜨비얀까. 선착장 너머로 드넓은 바이칼 호수가 펼쳐져 있다.

인들인 듯)들이 많다며 "여행 잘 하라"고 했다.

다음날 블라디보스토크 사람들에 비하면 무지하게 친절한 이르쿠츠크 사람들에게 물어물어 리스뜨비얀까에 도착했다. 리스뜨비얀까는 우리나라의 한적한 어촌 마을 같은 느낌의 작은 마을이다. 눈앞에 펼쳐진 바이칼은 아직 호수 언저리의 100m 정도는 얼어 있었다. 이 얼음은 5월 말이 돼야 다 녹는다고 했다.

바이칼 호수에 손을 씻으면 5년을 더 산다고들 한다. 우리 가족은 얼음 틈 사이로 흐르는 호수의 물에 다 같이 손을 씻었다.

모스크바와 블라디보스토크를 잇는 시베리아횡단열차 중간 기착지인 이르쿠츠크는 '시베리아의 파리'라고도 불린다. 이르쿠츠크는 삭막한 블라디보스토크보다는 훨씬 정겹고 안온한 느낌의 도시였지만 그래도 파리하고 비교하는 건 다소 턱없다는 생각이 들었다.

돌아오는 길엔 비행기를 탔다. 이르쿠츠크 공항에서 우랄 항공을 타고 4시간 만에 블라디보스토크에 도착했다. 4인 가족의 편도 항공료는 어린이 할인을 받았지만 3만 4,530루블(당시 한화 약 138만 1,200원)이나 됐다.

공항 순환 버스가 비행기가 있는 곳에 서자마자 서둘러 내린 승객들은 일제히 비행기 쪽으로 뛰기 시작했다. 우리는 영문을 모른 채 따라 뛰었다. 알고 보니 러시아 국내선은 비행기 좌석이 지정석이 아니기 때문에 남보다 좋은 자리를 잡기 위해 서두르는 것이었다.

탑승 수속을 할 때 숫자가 적힌 종이를 나눠주기에 좌석 번호라고 믿고 있었더니 알고 보니 탑승 인원 체크용에 불과한 것이었다.

일단 비행기에 오르면 적당한 좌석에 망설임 없이 재빨리 앉아야만 한다. 비행기 내 가방 보관함의 자리를 차지하는 데도 스피드는 필수다. 러시아에서는 수화물로 부친 가방 속 물건들을 잃어버리는 사고가 자주 일어나 러시아인들은 웬만한 크기의 가방은 들고 탑승하므로 자리다툼이 치열하기 때문이다.

비행기 수화물 분실 사례가 많다 보니 러시아인들은 수화물로 가방을 부치기 전에 랩으로 가방을 칭칭 감아두기도 한다. 그것도 못미더운 사람들은 가능한 많은 짐을 들고 탑승하곤 하는 것이다.

블라디보스토크-하바로프스크 구간 국내선 프로펠러형 비행기는 수화물로 맡긴 짐을 공항에 도착해 찾는 게 아니라 승객이 내리면서 비행기에서 직접 찾아가야 하는 경우도 있다.

■ 불안한 러시아 비행기

러시아 비행기들은 대체로 불안한 비행을 하기로 악명 높다. 국제항공운송협회(IATA)는 러시아를 항공 안전 면에서 최악의 국가로 분류하고 있다.

전문가들은 러시아에서 항공기 사고가 잦은 원인은 우선 소규모 항공사들이 경쟁에서 살아남기 위해 항공기 유지 및 안전에 안이하게 대처하고 있기 때문이라고 분석하고 있다. 이들 항공사들은 소비에트 시대 항공기를 여전히 운행하고 있거나 서방에서 중고 항공기를 사들여 항공기의 상당수는 매우 노후화돼 있다.

2008년 9월 러시아 페름 시 인근에 추락해 탑승객 88명 전원이 사망한 사고 항공기 역시 보잉의 재래식 모델인 737-500이었다.

주 블라디보스토크 총영사관에 따르면 러시아 극동 지역 소재 러시아 항공사들이 안고 있는 가장 심각한 문제도 항공기 보유 대수 부족과 기종의 노후화 문제다. 기술이나 성능이 노후화돼 퇴출돼야 할 기종은 야코블레프(Yak)-40, 일류신(Il)-62, 투폴레프(Tu)-154B, 134, 안토노프(An)-24 등이며, 이 기종을 다수 보유하고 있는 항공사들은 적자 경영에 허덕이고 있는 실정이다.

전문가들은 현재 러시아에서 운행되고 있는 약 2,600여 대의 항공기 중 60% 이상이 1960~1970년대에 생산된 노후 기종으로 매년 110~115대가량이 퇴출돼야만 한다고 주장하고 있다.

또 다른 문제는 항공사들이 연료비 등 경상유지비 절약에 지나치게 매달린다는 점을 들 수 있다. 일부 항공사의 경우 이·착륙을 중지하는 비행사에게는 벌금까지 물리고 있는 것으로 알려지고 있다. 이·착륙을 한 번 할 때마다 엄청난 양의 기름이 소비되기 때문에 안전을 위해 다시 회항, 다른 지역에서 이·착륙을 하려 해도 항공사가 이를 꺼린다는 것이다.

2008년 2월 블라디보스토크 아르쫌 국제공항에서는 강한 돌풍 때문에 착륙하지 못하고 공항 상공을 선회하던 대한항공 서울발 블라디보스토크행 비행기가 결국 기수를 돌려 우리나라로 되돌아가는 사건이 있었다. 블라디보스토크를 떠난 대한항공은 강원도 양양공항에 착륙해 급유를 하고 인천공항으로 되돌아갔다.

승객들은 대한항공으로부터 숙식을 제공받고 다음날 오전 11시 비행기로 다시 아르쫌 공항으로 왔다. 대한항공이 아르쫌 국제공항 상공을 선회하다 착륙하지 못하고 되돌아간 그날은 시속 40노트 이상의 강풍이 불었다고 한다. 대한항공은 이·착륙 매뉴얼에 따라 기수를 돌리는 결정을 한 것으로 알려졌다.

그러나 러시아 모 항공사 소속 항공기는 대한항공이 회항했던 바로 그날 저녁, 강풍을 뚫고 아르쫌 공항 착륙을 강행했다고 한다.

러시아 정부는 러시아, 특히 극동 지역의 낙후된 항공 인프라 개선을 위해 외국인 투자 유치에 적극적으로 나서고 있다. 극동·자바이칼 지역 개발 프로그램에도 연방 예산을 투입해 항공 인프라를 확충하는 계획이 포함돼 있다.

항공 인프라 개선과 비싼 항공 운임 문제 해결을 위해 메드베데프 대통령은 "극동 지역 내 항공회사들의 건전한 경쟁구도를 형성하는 등 항공시장 시스템 개선이 필요하다"고 지적하기도 했다.

PART 5

러시아의 영원한
한국 응원군, **고려인**

연해주 유일의 인구 증가 마을

러시아는 세계에서 가장 넓은 나라다. 그러나 영국 가디언 지는 러시아엔 주민이 기껏 10명 남짓한 마을이 무려 3만 4,000개가 넘는다고 보도했다.

러시아의 농촌 공동화 현상은 심각한 수준이다. 소비에트 연방이 붕괴한 후 번성했던 농촌 공동체들은 서서히 인적이 드문 '유령 마을'로 변해가고 있다.

전문가 계층과 젊은 층의 탈출 행렬이 이어지면서 인구가 급속도로 줄고 있는 극동 지역의 농촌은 더 말할 나위도 없다. 하지만 이 와중에도 거주민이 조금씩 늘고 있는 '희한한' 마을들이 있다.

러시아 연해주에서 유일하게 인구가 늘고 있는 곳은 '우정마을' '고향마을' 등 고려인 정착촌들이다.

연해주 우수리스크에서 북쪽으로 30분가량 차를 달리면 주황색 기와지붕들이 가지런히 줄을 맞추고 있는 마을이 눈에 들어온다. 일정한 간격을 두고 세워진 집들은 모양이 한결같다. 입구에는 천하대장군 지하여장군 장승도 떡하니 버티고 서 있다. 흡사 우리나라의 한가로운 시골 마을에 와 있는 것 같은 느낌이 드는 곳이다.

'우정마을'은 1937년 스탈린 정권에 의해 영문도 모른 채 중앙아시아로 강제 이주됐다가 연해주로 되돌아오고 있는 고려인들을 위해 만들어진 집단 정착촌이다.

대한주택건설협회는 외환위기 직전 1,000채의 집을 지어 고려인들에게 제공한다는 목표로 우정마을을 조성했다. 그러나 이 야심찬 사업은 외환위기의 여파로 33채를 끝으로 중단되고 말았다.

(사)동북아평화연대가 2004년 이곳에 농업 지원센터를 세우면서 우정마을은 고려인 정착 지원 사업의 중심지로 자리 잡았다. 2008년 2월 현재 우정마을에는 34가구가 정착해 있다. 러시아인 가정 7가구를 제외하면 모두 우즈베키스탄, 카자흐스탄 등 중앙아시아에서 이주해온 고려인 가구들이다.

연해주의 주도 블라디보스토크에서 북쪽으로 약 112㎞ 지점에 위치한 우수리스크의 인구는 17만가량 된다. 이 중 고려인은 1만 5,000명 정도로 추정되지만 고려인 중에는 아직도 무국적자가 많아 정확한 수를 파악하기는 쉽지 않다. 옛 소련 시절 중앙아시아로 강제 이주됐다가 연해주로 되돌아온 고려인들 중에는 아직까

러시아 연해주
고려인 정착촌
'우정마을' 의
전경.

지 러시아 국적을 회복하지 못한 사람들이 많기 때문이다.

동북아평화연대가 이 무국적 고려인들이 국적을 취득할 수 있도록 돕고 있지만 필요한 서류가 16건씩이나 되다 보니 모두 다 갖춰 국적을 얻는 게 쉽지 않다.

동북아평화연대는 러시아 연해주 사무국과 중국 연길 사무국, 서울 사무국 3개의 사무국을 두고 있다. 연해주 현지 사무국은 연해주동북아평화기금이라고 하고 인터넷 포털 다음 카페에 사이트(cafe.daum.net/wekoreanwoo)도 개설해두고 있다.

동북아평화기금은 후원금을 모아 허름한 농가를 사서 개량한 후 싼값에 제공하는 사업을 벌이고 있다. 이 같은 정착촌 건설 사업은 우정마을 외에도 크레모바, 노브로사노브카, 아시노브카, 순얏센 등 6개 마을을 중심으로 진행되고 있고 계속 확산될 전망이다.

농업 지원센터에서는 고려인들의 농업 정착을 지원하기 위해 자연농법 등을 가르치고 있다. 고려인 가족이 이주해오면 3,000달러를 대출해주고 2개 농가가 함께 돼지 30마리를 키우거나 젖소 2마리를 키우는 사업 등을 지원해 자립 기반을 갖도록 도와준다. 최근에는 양계나 청국장 사업까지 지원 사업 범위를 차츰 넓혀가고 있다.

우정마을 인근의 순얏센은 옛날 양계 농장이었던 축사 등을 개조해 '고향마을'로 변신하는데 성공했다.

2008년 2월 눈발이 날리던 추운 겨울날, 방문했던 순얏센은 '이런 곳에 사람이 살 수 있을까' 싶게 축사만 덩그렇게 있는 황량한 곳이었다. 하지만 지금은 우즈베키스탄 등지에서 이주한 고려인 12가구가 모여 사는 아담한 마을이 됐다. 젖소를 키우는 농장과 청국장을 만드는 공동작업장도 들어섰다.

고려인 3가구가 정착하면서 첫발을 내디딘 크레모바 마을도 세대수가 25가구로 늘었다. 크레모바에는 한 · 러 합작 농장인 프림코 시범 농장도 운영되고 있다.

우정마을, 고향마을 등 고려인 집단 정착촌들은 2007년 연해주에서 인구가 늘어난 모범사례이자 소수민족의 성공적 정착 사례로 러시아 언론에 보도되기도 했다.

연해주 현지에서 고려인들의 정착을 돕고 있는 김현동 동북아평화연대 집행위원장은 "2007년에는 중앙아시아에서 이주한 고려인들이 주로 정착을 했고 2008년엔 도시빈민 위주 고려인 정착이 진행되고 있다"고 말했다.

그러나 고려인 이주민들의 연해주 정착이 말처럼 쉽지만은 않다. 김 집행위원장은 "친환경 축사를 건축하는 비용이 만만치 않게 들고 수확한 농산물의 판로 확보 문제 등도 있어 해결해야 할 과제가 아직도 많다"고 했다.

동북아평화연대는 고려인 10~20가구가 모여 사는 곳에 함께 일할 수 있는 공동작업장을 만들어주는 형태로 고려인들의 연해주 정착을 지속적으로 지원해나갈 계획이다.

블라디보스토크에 4년째 살고 있는 이우용 주 블라디보스토크 한국어 교육원장은 "고려인들에 대한 생활 정착 지원뿐만 아니라 체계적인 문화적 지원도 필요하다"고 지적했다.

러시아 정부는 1994년 소수민족들이 고유한 문화의 뿌리를 찾고 계승시킬 수 있도록 민족문화자치회를 허가했다. 그래서 만들어진 고려인 민족문화자치회는 2004년 1월 21일부터 주간지 〈고려신문〉을 발행하고 동포 자생 예술단체인 아리랑 가무단도 운영하고 있다. 아리랑 가무단은 우리나라 무용을 배울 기회가 없어 주로 북한 춤 위주의 공연을 선보이고 있는 실정이다.

이 원장은 "이제는 문화체육관광부가 나서 고려인들의 뿌리 찾기를 지원해야 할 때"라고 강조했다.

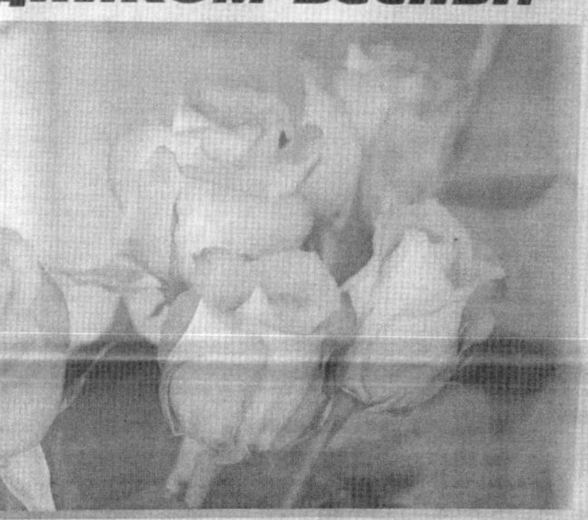
고려신문
"КОРЁ СИНМУН"
(КОРЕЙСКАЯ ГАЗЕТА)
Основана
21 января 2004 года
4 (98) 28 февраля 2008 года

С праздником весны!

Вас поздравляем
с праздником
весны,
С дыханием
реки и блеском
солнца,
Пусть будут дни
блаженны и
ясны,
И солнце пусть
заглянет к вам в
оконце,
Пусть будет
пробуждением
души
Хмельное
воскресение
природы,
Чтоб были вы
всегда так
хороши,
Как нежное
сияние
небосвода.

Я стану великим
спортсменом

Число спортсменов в команде
таеквон-до ИТФ города Уссурийска
составляет на сегодняшний день около
двухсот человек. А на занятия к
главному тренеру таеквон-до ИТФ по
Приморскому краю Виталию Ким
съезжаются ребята из поселка
Новошахтинского, Владивостока и
Дальнереченска. Среди юных
таеквондистов уже достаточно много
победителей различных соревнований
и первенств. В младшей возрастной
категории одним из самых
титулованных спортсменов является
восьмилетний ученик гимназии №29
Владислав Ли.

СТР.3

고려신문
"Корё синмун"
"Корейская газета"

Подпишись
на СВОЮ газету!

Подписной индекс 31570 в каталоге "Роспечать"

고려신문

한국학을 배우는 고려인 3, 4세대 들의 꿈

러시아 연해주 블라디보스토크에는 '한국인의 얼굴을 한 러시아인' 들이 5,000명가량 살고 있다. 그들은 70년 전 옛 소련 정부의 강제 이주정책 때문에 연해주에서 중앙아시아로 내몰렸다가 다시 연해주로 돌아온 고려인들이다.

블라디보스토크 극동국립대학 한국학대학에도 '한국' 이라는 인연의 끈을 놓지 않고 한국을 더 잘 알기 위해 노력하는 고려인 3세대 교수들과 고려인 3, 4세대 학생들이 있다.

극동국립대학 한국학대학의 고려인 교수들과 학생들은 '한인 강제 이주' 의 한 맺힌 역사를 어떻게 기억하고 있을까.

1937년 스탈린 정권은 극동 지역의 고려인들이 적국인 일본을 도울지 모른다는 이유로 17만 명 이상의 고려인들을 중앙아시아로 내몰았다.

70년 전 한인 강제 이주가 자행됐던 역사의 현장인 블라디보스토크로 다시 돌아와 살고 있는 고려인 후손들에게서 이제 '그 옛날 통한의 흔적'을 찾기는 힘들다. 그들에게 한인 강제 이주는 '오래전 조상들이 피눈물 나게 고생했던 일대 사건' 정도로 기억되고 있는 듯하다.

연해주로 돌아온 그들은 조상들이 땀 흘려 일궈낸 삶의 터전이었던 우즈베키스탄, 카자흐스탄, 그루지야 등 중앙아시아 지역에서의 평화롭던 시절을 지금도 그리워한다.

중앙아시아가 러시아 극동의 삭막한 블라디보스토크에 비하면 생활환경이 좋은데다 물가가 싸고 인심도 후덕한 곳이기 때문이다. 그래서 자녀 교육과 생계 문제 때문에 할 수 없이 극동 지역으로 이주했다가 다시 중앙아시아로 돌아가는 고려인 후손들도 종종 있다.

70년 전 영문도 모른 채 짐짝처럼 시베리아횡단열차에 실려 천신만고 끝에 우즈베키스탄 등 낯선 중앙아시아에 도착했던 고려인들은 자녀 교육에 열과 성을 다했다. 그들은 햇빛과 비바람을 피하기 위해 집을 짓는 것과 동시에 학교를 지었다.

1961년 옛 소비에트 연방정부는 소수민족들에게 모국어를 쓰지 못하게 하는 언어정책을 폈다. 그래서 1961년 이후 30년 가까이 고려인들은 한국어 교육을 할 수 없었다. 고려인들은 러시아어로만 의사소통을 해야 했다.

그러나 옛 소련 정권 붕괴 후 우즈베키스탄, 카자흐스탄 등 CIS 국가들이 독립하면서 제각기 모국어를 되찾았고 중앙아시아에 흩어져 살던 고려인들은 또다시 언어 단절을 겪어야 했다. 우즈벡어는 아랍어의 일종으로 새로 배우기 쉽지 않은 언어다.

다행히 우즈벡어를 할 줄 알거나 생활 기반이 튼튼한 사람들은 우즈베키스탄에 남아 생업을 계속할 수 있었지만 언어 단절로 자녀 교육과 취업이 어려워진 고려인들은 러시아어가 통하는 곳으로 이주해야만 했다. 그들은 옛날 조상들의 생활 터전이었던 연해주로 되돌아가거나 모스크바 등지로 옮겨가기도 했다.

블라디보스토크 극동국립대학 한국학대학 4학년인 고려인 4세이 발렌티나(22) 씨나 김 비올레타(23) 씨도 이런 이유 때문에 1990년대 초 가족과 함께 우즈베키스탄에서 블라디보스토크로 이주했다.

이 두 여대생들에게 우즈베키스탄은 지금도 여전히 그리운 고향이다. 그들은 "기반 시설이 잘 갖춰진 살기 좋은 곳인데다 물가가 싸고 과일도 풍부한 곳"이라고 우즈베키스탄을 추억했다.

그들은 '고려인인 만큼 자신들의 뿌리인 한국을 잘 알아야 한다'는 생각으로 한국학을 전공으로 선택했다. 김 비올레타 씨는 "한국으로 유학을 가 대학원 공부를 마치고 다시 가족이 있는 블라디보스토크로 돌아오게 되면 러시아 학생들에게 한국어를 가르치고 싶다"고 했다. 우등생인 그는 한국 관련 문제를 맞히는

1899년 10월 개설 당시 블라디보스토크 극동국립대학교 전경(사진 위)과
1995년 10월 단과대학으로 승격된 극동국립대학교 한국학대학의 현재 모습(사진 아래).

‘골든벨’ 행사에서 1등을 해 2008년 1월부터 5월까지 한국에 어학연수를 다녀오기도 했다.

극동국립대학 한국학 대학교수인 고려인 3세 송지나(59) 교수는 고려인 4세 학생들에 비하면 훨씬 힘겨운 과정을 거쳐 한국어를 공부했다.

옛 소련 정부가 고려인이 한국어를 배우는 것을 금지하던 시절, 극동국립대학에서 한국학을 전공하고 싶었지만 쉽지 않았다. 중국어나 일본어를 전공할 순 있었지만 고려인이란 이유로 한국어를 배우는 것은 허락되지 않았다. 송 교수는 2년이나 극동대학 총장을 졸라 1988년 즈음에야 한국학과에 간신히 입학할 수 있었다.

동양인의 외모를 하고 러시아 문화권에서 살아가기란 말처럼 쉬운 일이 아니었다. 하지만 그는 힘들 때마다 ‘나는 누구보다 잘할 수 있다’ 고 스스로 다짐했고 러시아인들보다 몇 배 더 열심히 공부에 매달렸다.

송 교수의 아버지는 “아들만은 꼭 고려인의 혈통을 지켜야 한다”고 고집하셨다. 그래서 그의 남동생은 얼마 안 되는 고려인 여성들 중 신부감을 찾아내느라 서른이 넘어 결혼을 했다.

고려인 후손들은 고려인 혈통 지키기뿐만 아니라 지금도 돌잔치, 환갑잔치 등 우리의 오랜 전통을 애써 지켜내며 살아가고 있다.

송 교수는 “고려인 강제 이주 70주년을 맞아 고려인들의 지나온 삶을 되돌아보는 것도 필요하겠지만 그동안 어떻게 살아왔나

보다는 앞으로 어떻게 살아나가야 할 것인가가 더욱 중요한 문제"라고 말했다.

그는 "오랜 세월 동안 집에서도 러시아어만 사용해야 했던 고려인 후손들이 한국어를 새로 배우는 건 참 어려운 일이지만 학생들이 워낙 성실하게 공부를 해 한국학을 전공하는 고려인 학생 중 특히 우수한 학생들이 많다"고도 했다.

블라디보스토크 극동국립대학 한국학대학에서는 1학년부터 5학년까지 총 250명의 학생들이 한국학을 배우고 있다. 이 학생들 중 고려인은 30명가량 된다.

중앙아시아로 강제 이주를 당했던 고려인들의 3, 4세대들이 한국을 알기 위해 한국학을 전공하고 있는 것이다. 한국학대학 교수 20명 중에도 고려인 3세인 송지나 교수(한국문화사 전공)를 비롯해 5명의 고려인 교수가 재직하고 있다.

극동국립대학은 세계 최초라는 기록을 여럿 가지고 있다.

극동대학의 한국어 강좌는 1899년 세계 최초로 생겨났고 1995년 세계에서 유일한 한국학 단과대학인 한국학대학으로 거듭났다. 1899년 10월 21일에 문을 연 극동국립대학교는 1975년 조선어학과를 개설했다. 20년 후인 1995년 10월 2일 조선어학과는 정규 5년제 한국학대학으로 승격됐다. 극동대학 한국학대학 건물은 1993년 쿠릴로프 총장의 요청에 따라 고합그룹 장치혁 회장이 신축해 기증한 것이다. 한국학대학에는 한국경제, 한국문학, 한국역사 전공 3개 학과가 있다.

블라디보스토크의 옛 '고려인 거리' (울리짜 까레이스까야).
지금은 울리짜 빠그라니취나야로 거리 이름이 바뀌었다.

　러시아어를 쓰며 러시아 생활 문화권에서 살지만 한국인의 모습을 한 고려인 후손들. 그들은 한·러 관계가 더욱 활성화된다면 두 나라 사이의 가교 역할을 할 훌륭한 재원들임에 틀림없다.

　그러나 러시아인들은 한국에서 곧잘 취직을 하지만 고려인들이 한국에서 취업하기는 쉽지 않다. 송 교수는 "한국 사람들이 서양인은 아예 외국인이라 여겨 배려하지만 고려인들에게는 한국인이기를 기대하고 고려인들의 특수상황을 이해하려들지 않기 때문일 것"이라고 지적했다. 한국이 생소하기는 다른 외국인이나 고려인이 다를 바 없는데 단지 얼굴 생김이 비슷하다는 이유로 고려인들이 한국인과 같기를 기대하다 보니 고려인들의 한국 정착이 어렵다는 것이다.

자존심 강하고 성실한 고려인들은 자신의 학력 수준에 맞는 일자리를 원하지만 한국 사회의 취업 현실이 그들의 기대에 부응하지 못하는 것도 한 원인이다.

송 교수는 "한·러 관계가 한층 활성화되고 극동 지역이 더 발전하게 되면 한국과 러시아를 이어주는 인력들이 훨씬 많이 필요할 것이고 이 경우 러시아인보다는 한국에 뿌리를 둔 고려인들이 막강한 한국의 응원 세력이 될 수 있다"고 말했다. 그래서 그는 자녀 교육을 최우선 과제로 여겨온 고려인들과 그 자녀들이 한국을 조금 더 잘 알 수 있도록 정부 차원뿐만 아니라 민간 차원에서도 활발한 지원이 있기를 바란다.

한국 정부
고려인 지원책의
허와 실

2008년 5월 주 블라디보스토크 총영사관 민원실에 한 50대 고려인 여성이 한국 방문취업 비자를 받으러 왔다.

고려인 나탈리야 게나지예브나(58) 씨는 "또래의 한국 사람들이 어떻게 사는지 보고 싶고 한국의 아름다운 가을도 느껴보고 싶어 한국 방문을 결심했다"며 웃었다.

그는 "어린 시절부터 아버지가 한국을 절절히 그리워하시는 걸 보고 자라 '내가 크면 부모님을 모시고 꼭 한국에 가봐야지'라는 생각을 자주했다"고 한다. 수십 년간 되풀이해왔던 그 다짐은 환갑을 바라보는 나이에야 비로소 현실이 됐다.

그러나 허무하게도 그렇게 한국에 가고 싶어했던 아버지는 이미 돌아가셨고 우즈베키스탄에 사는 어머니(83)는 이제 함께 긴 여행을 할 수 없을 만큼 연로하셨다. 그는 "그토록 오래 벼르던 한국 방문을 혼자 해야 하다니 참 안타깝다"고 했다.

나탈리야 게나지예브나 씨는 식품공장에서 오랫동안 일을 했고 지금은 연금을 받고 있다. 그는 "한국에서 살고 싶기도 하지만 한국어를 할 줄 모르고 아직은 어떤 방법으로 생활해야 할지 몰라 이런 저런 생각 중"이라고 말했다.

한국 정부는 2007년 3월 방문취업제를 통해 해외동포들이 한국에서 일자리를 찾도록 문을 활짝 열었다. '무연고 동포 방문취업 비자 신청'으로 방문취업(H-2) 비자를 받게 되면 한국에서 3

고려인
나탈리야 게나지예브나 씨.

년간 취업을 할 수 있다. 나탈리야 게나지예브나 씨도 이 비자를 받기 위해 블라디보스토크 총영사관에 온 것이었다.

러시아에 살고 있는 고려인은 19만 명. 러시아, 우즈베키스탄, 카자흐스탄 등 독립국가연합(CIS) 전체의 고려인 수는 50만 명을 웃돈다.

하지만 방문취업제가 시작된 첫 해인 2007년 러시아에서는 할당된 정원 2,500명 중 1,367명만이 H-2 비자를 발급받았다. 2008년에는 4월 말까지 겨우 260명이 이 비자를 받았을 뿐이다.

당시 주 블라디보스토크 총영사관 전병렬 영사는 "취업 기회를 얻고 싶어하는 고려인 동포들을 위해 서울에 몇 번이나 쿼터를 확대해달라고 요구해 간신히 할당량을 늘려놓고 보니 이젠 쿼터 맞추기도 힘든 상황이 돼버렸다"고 허탈해했다.

2007년에는 H-2 비자 접수를 위해 전 영사가 하바로프스크 이르쿠츠크 등지로 '방문 세일즈' 까지 다녔을 만큼 러시아 내에서 열성적인 홍보 활동을 펼쳤지만 결과는 초라했다.

고려인 동포들의 '코리안 드림' 은 왜 이렇게 식은 것일까.

우선 러시아 경제가 2000년대 들어 급속히 성장하면서 러시아 현지 임금이 예전에 비해 상승한 것이 한 원인이다. 러시아에서 어느 정도 자리를 잡은 사람들이 많기 때문에 굳이 한국에 가서 고생하려고 하지 않는 것이다.

고려인들이 한국에서 할 수 있는 일 대부분이 3D 기피 업종인 것도 비자 발급을 꺼리게 하는 이유의 하나로 손꼽힌다. 고려인들은 한국에서 취업교육을 이수한다고 해도 '돈벌이' 가 될 만한 자리는 구하기 어렵고 결국 공사장이나 식당 등을 전전하지 않을까 하는 불안감을 내심 가지고 있다.

고려인들은 학력 수준이 높고 튼실한 경제적 기반을 갖춘 경우도 꽤 된다. 고려인이 많이 거주하는 러시아 사할린 주의 경우 주 정부 전체 세금 중 20% 이상을 고려인 동포들이 내고 있을 정도다.

러시아에 사는 고려인 동포들은 스탈린 정권이 자행한 고려인 강제 이주라는 통한의 역사를 간직하고 있다. 우리나라 정부는 고려인 동포들의 애환을 달래는 방법 중 하나가 비자 문제를 해결하는 것이라 판단해 고려인들이 한국을 자유롭게 다녀갈 수 있도록 했다. 고려인들은 여권과 신청서만 구비하면 90일 체류가 가능한 비자를 받을 수 있다. 이처럼 한국 방문 비자 발급이 쉬운 것 역시 H-2 비자 신청을 저조하게 하는 원인이다.

고려인 동포들의 '가정을 소중히 여기는 문화' 도 한몫을 한다. 고려인 동포들은 중국 동포들과는 달리 한국에서 일을 하더라도 수시로 러시아로 돌아와 자녀나 부모를 돌보는 경우가 많다.

2008년 3월 말 현재 H-2 비자를 발급받은 해외동포 중 98.6%는 중국 동포였다. 중국은 대기자가 워낙 많아 금품을 노린 브로커까지 있다는 얘기도 있다. '무연고 동포 방문취업제 비자 신청' 은 시행 취지와는 달리 중국 동포 일변도의 제도가 될 가능성이 커지고 있는 것이다.

전병렬 영사는 "우리나라는 저출산 문제가 날로 심각해지고 있는 만큼 앞으로 고급 인력 부족 현상이 올 수도 있을 것"이라고 우려했다. 그래서 그는 "국가가 나서 주택, 교육 문제 등 고려인 동포들이 한국 사회에 적응하는 과정에서 발생하는 문제들을 해결해주고 고려인들 중 고급 인력을 활용할 수 있는 방안을 적극적으로 연구해야 한다"고 강조했다.

참고문헌

주 블라디보스토크 총영사관 홈페이지(http://rus-vladivostok.
mofat.go.kr).

「연해주 농업 진출 안내자료」, 주 블라디보스토크 총영사관,
2008년.

「극동 동시베리아 개발사업 참여방안」, 주 블라디보스토크 총
영사관, 2008년.

「극동 정세 및 한·러 극동 관계」, 주 블라디보스토크 총영사
관, 2008년.

「극동 시베리아 농업 분야 참여 방안」, KOTRA(대한무역투자
진흥공사) 블라디보스토크 무역관, 2008년.

『극동 시베리아 개발 프로젝트 설명회 자료』, KOTRA, 2008년.

「한국관광공사 블라디보스토크 지사 시장 동향 보고」, 한국관
광공사, 2008년.

「러시아 연해주 지역 숙박(호텔)현황 및 2012년 APEC 개최 관
련 향후 수용태세 구축 계획」, 러시아 연해주정부 국제협력·관
광부, 2008년.

「극동 러시아 나홋카 항 컨 부두 개발·운영사업 계획(안)」, 부
산항만공사, 2008년.

정여천 외, 『러시아 극동 지역의 경제개발 전망과 한국의 선택』, 대외경제정책연구원·외교통상부, 2008년.

일본유라시아연구소 편저, 현승수·이웅현 옮김, 『부활하는 러시아의 자원외교』, 전략과 문화, 2008년.

윤성학, 『러시아 비즈니스』, 아라크네, 2004년.

안병민·원동욱·임재경·김선철·김성호·김세은·조기영, 『2007 북한·동북아 교통 주요동향과 현안분석』, 한국교통연구원, 동북아·북한교통정보센터, 2007년.

영국 파이낸셜 타임즈, 연합뉴스, 한국경제, 신동아, 위클리조선 등.

사진 출처

『흑백 15년』, 〈블라디보스토크 신문〉 발행.

『스타르이 블라디보스토크』, 1992년 〈러시아의 아침〉 발행.

 *스타르이 블라디보스토크는 '옛날 블라디보스토크' 라는 의미.

주 블라디보스토크 총영사관

부산항만공사